本研究得到香港社会科学院的资助！
This research is sponsored by
Hong Kong Academy of Social Science!

陈淑妮◎著

By Shuni Chen

泛珠三角合作中技能人才整合策略与激励机制研究

Study on Integration Strategy and Incentive Mechanism of Skilled Human Resource in the Co-operation of Pan-Pearl River Delta Region

暨南大學出版社

JINAN UNIVERSITY PRESS

图书在版编目（CIP）数据

泛珠三角合作中技能人才整合策略与激励机制研究／陈淑妮著．—广州：暨南大学出版社，2009.7

ISBN 978－7－81135－256－6

Ⅰ．泛…　Ⅱ．陈…　Ⅲ．人才—资源管理—研究—珠江流域　Ⅳ．C964.2

中国版本图书馆 CIP 数据核字（2009）第 120301 号

出版发行：暨南大学出版社

地　址：中国广州暨南大学
电　话：总编室（8620）85221601
营销部（8620）85225284　85228291　85220693（邮购）
传　真：（8620）85221583（办公室）　85223774（营销部）
邮　编：510630
网　址：http://www.jnupress.com　http://press.jnu.edu.cn

排　版：暨南大学出版社排版设计中心
印　刷：广州市怡升印刷有限公司

开　本：787mm×960mm　1/16
印　张：12.5
字　数：196 千
版　次：2009 年 7 月第 1 版
印　次：2009 年 7 月第 1 次
印　数：1—2000 元

定　价：26.00 元

（暨大版图书如有印装质量问题，请与出版社总编室联系调换）

摘 要

从全局来看，泛珠三角区域协调发展有赖于人才资源、物质资源和文化资源的合理开发与整合利用。其中，人才资源是第一资源。就泛珠三角而言，技能人才资源结构和分布上存在着技能人才短缺与断层、第三产业技能人才过度集中、技能人才队伍结构不合理等主要问题。基于此，本书从技能人才整合的宏观层面和激励机制构建的微观层面进行了广泛深入的研究。

主要内容如下：第一章阐述了泛珠三角合作的背景与进展情况，重点分析了泛珠三角人才领域合作的现状和进展趋势；第二章分析了技能人才对泛珠三角经济发展的影响，重点剖析了技能人才短缺与结构不合理的成因及其影响；第三章主要分析泛珠三角区域技能人才资源的分布特征，并分析了技能人才分布失衡的原因以及技能人才整合的必要性与可行性；第四章从宏观层面上规划了泛珠三角区域技能人才的整合战略，提出了泛珠三角区域技能人才整合体系构建的对策和建议，并对相关主体进行了角色定位和任务界定；第五章结合对泛珠三角重点地区技能人才工作满意度现状的实地调研，分析了当前技能人才工作状况的现存问题，提出了提升技能人才工作满意度的对策和建议；第六章基于深圳市技能人才激励现状的调研，分析了深圳市技能人才的需求特点和发展趋势，提出了技能人才激励机制的优化方向，构建了技能人才激励模型，并有针对性地提出了相应的激励政策建议。

主要研究结论如下：

第一，从宏观层面来看，泛珠三角区域的协调发展有赖于技能人才的有效整合。泛珠三角优越的地理区位、地区的经济潜力、政府的鼎力支持、企业的不断需求以及日渐完善的人才市场为泛珠三角的技能人才整合奠定了坚实的基础。本研究依据亚当·斯密“看得见的手与看不见的手”的经济学原理，从政府调控和市场导向出发，提出了两个技能人才整合的战略构想——技能人才一体化和区域技能人才产业化，并提出了区域技能人才整合体系，以充分发挥泛珠区域技能人才资源的潜在优势，推动区域经济的发展。利用泛珠区域各个省区的特点优势，在政府政策的大力支持下，建立中高端技能人才开发培训基地、人才信息与服务平台、人事服务框架、技能人才测评系统和政府信息反馈体系，建立区域内的统一技能人才整合体系——泛珠三角技能人才整合体系。泛珠三角技能人才整合体系的运作是通过一个不断优化循环的运作系统来实现对技能人才的区域内整合的。通过在宏观政策调控下的技能人才市场化流动，优化技能人才资源结构的配置，达到整合技能人才资源的目的，最终实现满足泛珠三角区域合作大平台的需要。

第二，从微观层面来看，基于对泛珠三角重点地区的实地调研，发现技能人才的工作满意度不高。具体原因包括：技能人才的工作回报不容乐观，管理体制不完善，缺乏有效的激励机制，企业对组织文化建设重视不够，技能人才储备不足，企业忽视对技能人才的开发与培养等。人的需求多样性因素导致了具体的激励方式也必须是多样性的，所以应根据技能人才的需求结构，尤其是应注重其优势需要来设计激励措施。只有这样，激励机制的作用才会得到充分的发挥。同时，要善于发掘和引导技能人才的需要，并逐渐提升技能人才的需要层次。除了在企业层面的调研外，本书还对政府层面的激励政策进行了分析研究，发现政府的政策导向对技能人才的激励作用也是非常重要的。这些有效的政策包括提供技能人才培训经费补贴、调整技能人才招调政策、积极引进所需技能人才、建立技能人才津贴制度、建立技能人才表彰奖励制度、制定技能人才市场工资指导价位等。

Abstract

From the macro-scope of Pan-Pearl River Delta (Pan-PRD) region, the regional coordinated development relies on making full use of material resource, cultural resource and human resource, of which human resource is the primal one. Currently, there are some structural and imbalanced problems of technician resource, such as the shortage of skilled workforce, the trend of skills' over-concentration on the tertiary sector, and the unreasonable structure of skilled human resource. Because of these, this book is aiming at doing extensive and in-depth research on integrating skilled workforce at macro-level and building the incentive mechanism at micro-level.

The main contents are listed below. The first chapter expounds the background and the evolution of Pan-PRD regional co-operation, focusing on the situation and the trend analysis of Pan-PRD regional human resource co-operation. The second chapter analyzes the skills' influence on the economic development of Pan-PRD region, focusing on the causes and impacts of the shortage and irrational structure of skilled workforce. The third chapter analyzes the characteristic and its reasons of imbalance of the distribution of Pan-PRD regional skills, as well as the necessity and the feasibility of skilled workforce integration. The fourth chapter programs the integration strategy of Pan-PRD regional skilled workforcee, and puts forward the countermeasures and suggestions about how to build skills' integration system. Based on the investigation on skills' job satisfaction in the core area of Pan-PRD region, the fifth chapter ankles the current working conditions of skills and puts forwards the countermeasures and recommendations about how to upgrade the skills' job satisfaction. With the investigation on the incentive situation of Shenzhen's skills and an analysis of the characteristics and the trends of skills' demands in Shenzhen, the incentive model is constructed and the optimized design of incentive mechanism and recommendations of related policies are put forward in the sixth chapter.

The main conclusions of the study are as follows:

(1) From a macro level, the coordinated development of Pan-PRD region depends on the effective integration of skilled human resource. The superior geographical position, economic potential of the region, the strong support of government, the growing business needs and an effective skills market, have formed a good foundation for the integration of Pan-PRD regional skilled workforce. According to Adam Smith's economics principle of "visible hand and invisible hand", it constructs two strategic frameworks of skilled human resource integration from the viewpoints of government regulation and market-orientation, which include skilled human resource integration and regional industrialization of skilled workforce. The integration system of regional skilled human resource is put forward to exert the potential advantage of the skilled human resource in Pan-PRD region for driving the regional economic development. This integration system in the research is supported by the strategic concept of integration and industrialization in theory. Making full use of the regional advantages of Pan-PRD region provinces, high-skills training base, human resource information and service platform, the framework of human resource service, skilled workforce evaluation system and feedback system of government should be established by the strong support of government policies. And then, regional skills integration system of Pan-PRD region could be established. The integration of Pan-PRD regional skilled human resource is carried out by a continuous optimized operation system. Due to flowing marketably under the control of macro-policy, the skilled human resource can be configurated structurally to achieve the aim of integration. As a result, it can meet the needs of the large platform of Pan-PRD regional co-operation.

(2) From a micro level, the skills' job satisfaction is not high

enough, which is found in the investigation on the skills in Pan-PRD region. The reasons include the discontented return of the skills' work, imperfect management systems, lack of effective incentive mechanism, not paying enough attention to organizational culture, lack of skilled workforce storing, ignoring the training and development of skilled personnels. As the diversity of human needs leads to the diversity of specific incentives, the manner of skills' incentive should be designed in accordance with the structure of the skills' needs and the skills' advantage, which can be propitious to play the role of incentives. At the same time, the needs of skills should be explored and inducted correctly, as well as be raised to a higher level gradually. In addition to the investigation on firms' level, the government policies are also analyzed in this book. It is found that the oriented policy of government also plays an important role in skills' incentives. The comparative effective policies are listed below: to provide funds to subsidize the training of skills, to adjust the policy of recruiting skilled workforce, to introduce the necessary skilled human resource actively, to establish the allowance system and reward system for skills, as well as to constitute the guiding market price of skills' wage, and so on.

序　言

“泛珠三角”战略视野下的经济合作与技能人才

经济全球化和区域经济一体化，已经引起了城市生产方式与组织方式的深刻变革，全球市场的区域融合、产业组织的形态变迁、生产力的链状布局与商务流程的重新构建带来了经济资源在全球范围内的重新配置与整合，城市间的经济边界日益模糊，临近的中心城市共同成长为全球性特大型城市，或者通过中心城市核心体向周边城市的扩散使其互相融合、渗透，重叠而形成特大型城市的连绵区，已经成为世界城市发展的新趋势。

这种以全球性特大型城市为核心引领的区域、城市群或泛城市群，由于高度城市化带来的产业集聚与人口集中，以及由其产生的滚动发展能力、持续创新能力和核心竞争能力，不仅已经成为富可敌国的要素聚集区，而且成为参与全球经济合作与竞争的基本单位，成为世界各国新的经济增长极，因此，打造这种国际性特大型城市与城市群就成为各国各地区经济与社会发展的重大战略选择。

一、“泛珠三角”合作揭示的本质内容与时代特征

改革开放三十年来，我国在区域经济的发展上实行了宏观调控中先东后西、先南后北、先沿海后内地的逐步推进，章法有序。在改革开放三十年的前半段，农村产业化领域率先出现了著名的三大模式，这就是民间自发型的温州民营经济模式、地方政府自上而下型的苏南乡镇企业模式，还有珠三角外向型的前店后厂模式。这些模式的最大特点是揭示了中国工业化初始时期的发展方式与路径，并且通过这些模式的扩散效应和区域政策逐步的覆盖，从战略上解决了我国区域经济发展不平衡、落后地区追赶先进地区，与之共同奔小康的问题。

三十年的后半段，我们开始关注到中心城市与城市群、都市圈这样的概念逐步普及，并上升到更加重要的地位，新的三大发展模式更加引人注目，这就是天津作为北方经济中心与环渤海湾城市群的形成，粤港澳经济合作与深港国际大都会的向前推进和大珠三角城市群的崛起，浦东引领上海形成更大规模的国际化城市和长三角城市群的新发展。这些全新的发展模式和全新的发展格局反映了中国经济已经登上新的台阶，中国需要培育新的经济增长极，需要建设新的全球性特大型城市，并以其作为参与世界经济合作与竞争的基本单位，作为国家代表队进一步融入世界经济的发展与循环，从战略上解决追赶发达国家和世界先进水平的问题。

不同阶段的发展模式，揭示了不同经济时代不同的模式特征。国务院出台的《珠江三角洲地区改革和发展规划纲要》，将珠三角改革与发展上升为国家战略，将要实现“综合实力居全国经济区前列，辐射带动能力进一步增强，形成以珠江三角洲为中心的资源互补、产业关联、梯度发展的多层次产业圈，建设成为带动环珠三角和泛珠三角区域发展的龙头，成为带动全国发展更为强大的引擎”。规划纲要揭示了珠三角和泛珠三角之间合作的本质内容与时代特征，珠三角和泛珠三角之间的合作越来越成为国家战略中重要的组成部分，那种跨越社会主义、资本主义“两种制度”，跨越东中西“三大经济带”的经济合作正在由构想变成现实。

二、战略视野下重视技能人才的特殊意义和策略方向

在当前的国际区域经济发展的格局中，以东盟十国为首的发展中国家区域经济一体化组织得到不断的发展，CEPA（内地与香港关于建立更紧密经贸关系的安排）、PECO（泛珠三角区域经济合作组织）和CAFTA（中国与东盟自由贸易区计划）这三大具有战略意义的制度安排和政策体系，已经形成了区域经济一体化的崭新格局，并成为类似通道般连接的南北经济大动脉，被学术界称为“C－P－C通道”经济。因此，在“9＋2”范畴上的泛珠三角经济区内，已经寻觅到了一个新的、具有地缘意义的经济发展、金融开放、引进输出、资源配置、流量经济和物流布局的发展机遇。它的特殊意义就在于无论是中心城市，如香港、澳门，还是泛珠三角九省区之间，彼此都能够通过全面合作形成优

势叠加、互补重构与区域经济一体化的新格局，并在多赢的格局中推进中国新一轮的现代化建设。

区域经济合作的主导路径是产业的整合与协调，包括产业转移、产业分工、产业重构与产业协作，并且根据合作双方或者多方的具体情况与资源禀赋选择产业链的不同环节与不同层次来进行制度设计并安排项目，其中提高产业结构的高度化是重要的内容，推进技术创新亦是应有之义，而技能人才是技术创新重要的人力资源，是必须依靠的重要力量。特别是在金融危机肆虐之后，使得全球各个国家都更加重视以第二产业为主体的实体经济，技能人才无疑能够给制造业注入强大的活力与生命力，是推动实体经济发展的基础力量。因此，重视、培养与加强技能人才队伍的建设是增强实体经济的有力举措。

我国对外贸易依存度在加入世贸组织后呈历年增高的趋势，珠三角区域在外贸方面多年来一直处于高位运行状态，进出口贸易基数太高，对外贸易依存度太高，造成自身经济结构对外高度依赖的风险，这在金融危机爆发后得到充分的体现。因此，泛珠三角区域内的合作将被提到更高的战略高度，无论是启动内需，还是市场内移，或是用高新技术和实用技术改造优势传统产业，都显得越来越重要；促进和引导加工贸易型企业顺利转型，大幅度提高高新技术产品拥有自主知识产权的比例，成为有效地改造并提高经济结构的内涵，逐步实现产业结构与经济发展方式有效转型的重要途径与手段。

技能人才在这些重大的转型过程中，无疑能够发挥重要的作用并成为实现该转变的重要因素，发展与壮大技能人才队伍能够更有力地促进产业结构的升级。同时，由于技能人才大部分属于社会中低收入水平群体，因此提高技能人才的收入水平与社会保障水平、增强技能人才的消费能力也是从依靠出口转为扩大内需的一个重要方面。

目前，泛珠三角区域技能人才方面主要存在人才短缺、结构不合理与分布有待优化等问题，这些问题要得到有效解决必须注意以下策略方向的实践：

首先，要把握宏观经济发展脉搏并顺势而为。泛珠三角区域技能人才问题的产生根源在于区域经济发展所处阶段造成的人才供需矛盾，而技能人才问题的解决思路必须与经济发展步伐相适应。我们需要从经济发展大趋势、区域经济结构调整方向来确定技能人才的培养方向、整合策略与激励措施，这样才能真正对经济起到支持作用。技能人才的培养必须与国家产业结构的调整、区域经济发展的重点保持一致性，并注意政策推行过程中的轻重缓急，做到有的放矢，这样才能收到实效。

其次，通过机制构建层面来解决技能人才问题。解决技能人才问题与解决其他社会问题一样，都需要构建科学合理的体制来达到根本性的转变。技能人才问题的解决体制必须包括政府宏观层面和企业微观层面。

宏观层面的机制，比如通过合理调节收入分配机制，逐步提高技能人才最低生活保障和最低工资标准，培育该层次的大众消费群体，逐步扩大中等收入者比重；另外，完善教育、文化、公共卫生和医疗服务体系，深化教育体制改革，大力发展职业教育等。微观层面，比如着力提高企业技能人才的地位，在薪酬上采取更具激励性的措施，完善技能人才的职业发展通道，通过企业文化凝聚人才等。

再次，通过搭建平台与整合资源来解决问题。泛珠三角各经济区是跨越行政边界的整合，其目标是打破行政边界，实现在更加开放条件下的一体化衔接，因为只有这种衔接才能实现生产要素的自由流通。搭建平台与整合资源的价值，已经在泛珠三角经济合作期间中充分地体现出来了，但还需要不断去挖掘与提升该平台的价值，形成更大的效用与辐射性。技能人才资源的整合，需要根据各区域在人才资源方面的情况共建区域人才市场，达到人才供求信息的及时传递，以及人才培养与输送的高度协调性。

三、“泛珠三角”技能人才研究的创新价值与重要贡献

陈淑妮教授的这部著作给了我很多的教育与启发，既开阔了思路，又拓展了视野。这部著作不仅能够结合经济社会的发展趋势，以技能人才为载体进行深度研究，而且充分结合了以上三个方面的策略方向，并体现了其特有的创新价值。

一是抓住“泛珠”合作中的突出问题进行研究。技能人才问题是近年来“泛珠”区域经济发展过程中的代表性问题，该问题若不能得到较好解决，将直接影响到经济发展的基础动力问题，技能人才问题也折射出“泛珠”合作的资源整合机制问题，具有窥斑知豹之效。

二是通过翔实数据解构“泛珠”技能人才状况。本书的一个重要特色是立足于翔实的数据分析与实地调研，比如结合各省份 GDP 与技能人

才数量的相关性，技能人才在区域、产业、技术等级等多个维度上的分布，以及以深圳企业为例的相关调研。这使本书具有较强的实证性，论据充分，很有说服力。

三是从战略与战术层面提出技能人才整合思路。本书既从战略性层面提出解决技能人才面临问题的举措，比如政府实施技能人才激励政策、区域经济互补层面的技能人才优势合作、技能人才一体化策略、人才产业化整合等创新性举措，又能从战术层面指出各相关主体（如政府、企业、人才市场、教育机构）的角色、任务与关键措施。

四是提出系统性的技能人才激励措施与模型。本书在对企业充分调研的基础上，根据技能人才工作的满意度来分析其需求状况，提出企业相关的激励举措；根据政府对技能人才政策发布的历史过程与成效，分析技能人才需求的变化趋势，提出基于技能人才的基本需要、事业成长与个人实现等需要层面上的激励模型，具有很强的实践性与可操作性。

五是融合多学科知识来分析与解决技能人才问题。技能人才的问题有着复杂的原因与背景，必须融合多学科的知识予以解析。本书能够结合社会学、经济学、管理学、心理学等相关知识来系统分析技能人才问题，从多个角度来进行解构，达到对技能人才问题的深度剖析，为提出相关应对策略与解决方案提供了有益的思路。

与陈淑妮教授相识已有多年，陈教授是一个热情而矜持、端庄而大方、博学而优雅、特别富有学者气质的知识女性，她一直保持对社会经济发展的高度关注，有着很强的社会敏感度、关切度与责任感，并专注于人力资源开发与管理领域的深度研究，提出的问题往往很能切中社会经济发展中的时弊以及人力资源管理领域发展的热点与难点，本书研究的“泛珠三角合作中技能人才整合策略与激励机制”就是一个实例。

更难能可贵的是，陈教授注意到技能人才问题的解决不能仅限在某一社会层面，而是必须立足社会系统多个层面，实现多个角色的协同合作，只有这样才能从根本上解决问题，所以她深入接触与分析了官、产、学、研领域，用了大量的时间、心血汇总历年泛珠三角各省区的经济及与之相关的数据，研究政府在技能人才激励方面的举措，深入企业一线进行调研访谈，并阅遍与技能人才相关的人力资源书籍，力求本书数据能准确翔实地反映经济发展的现状与技能人才最真实的状况。其敬业精神很值得我学习，也值得广大科研工作者学习。

与此同时，陈教授以其优良的师德师风、严谨的学术态度以及人格魅力，赢得了社会各界人士以及研究生、本科学生的尊敬，并与他们建立起良好的协作关系；另外，她还成功地将事业、家庭、社会工作有机地结合在一起，她出生于海外，是深圳大学的侨联主席，她积极热情的工作态度和严谨的工作方式在社会团体中形成了很强的凝聚力！

值得重视的是，这部著作的出版将对泛珠三角经济社会的发展提供一个全新的视野，特别是在泛珠三角合作中技能人才资源整合策略与激励领域的研究，能够促使社会各个方面对技能人才给予更多的关注与重视，推动技能人才开发与管理工作的发展。在泛珠三角合作领域及技能人才研究领域中，无疑增添了一项具有较高学术价值与社会价值的重要成果，对政府、企业、非政府组织、人才服务机构、高等院校和科研机构等相关部门和人员，都有着十分重要的借鉴意义。

陈淑妮教授成就斐然却虚怀若谷，请我代为作序，我既颇为惶恐，又深感荣幸，本着学习的目的，恭敬不如从命。我们相信，当泛珠三角地区的技能人才有规模、成批量、高质量、成建制地崛起之时，也将是泛珠三角地区经济合作有序推进、自主创新深入普及、经济社会高度繁荣之日，一切美好的前景都是可以期待的！

2009 年 7 月于深圳大学

---

* 深圳大学产业经济研究中心主任、教授，享受国务院政府特殊津贴

前　言

经济全球化和区域经济一体化已经成为不可逆转的时代潮流。我国加入 WTO 和“中国——东盟自由贸易区（简称 CAFTA）”，标志着我国已经融入经济全球一体化的大潮。CAFTA 的签署使得泛珠三角地区获得了更广阔的经济腹地和发展空间。2009 年 1 月 8 日，国务院颁布《珠江三角洲地区改革发展规划纲要（2008—2020 年）》，将泛珠江三角洲区域合作纳入全国区域协调发展总体战略。2009 年 6 月 3 日，泛珠三角九省区的人力资源和社会保障（或劳动和社会保障）部门在此期间签署人力资源市场信息网络平台合作共建框架协议，逐步实现了区域人力资源市场的统一。

在这种形势下，对泛珠三角来说，加强区域合作、发展区域经济、尽快实现区域经济一体化，是抓住本世纪头二十年发展战略机遇期的现实选择。泛珠三角区域合作正处在初级阶段，现阶段无论是基础设施建设、产业配置、技术合作，还是资本迁移等方面都需要中、高级技能人才来支援建设。高技能人才在区域经济快速发展和社会前进中起着推动作用，不仅在经济发展的初期起到了重要作用，在技术转移和产业结构调整中也起到了关键性的作用。

随着中国入世的进程不断加快，中国将进一步明确其世界制造中心的地位。然而，中国能否将制造业发展成支柱产业，成为真正的“制造大国”，关键在于其是否能够培养一支拥有高水平、高素质的制造业大军。而拥有优良技术水平的技能人才是这支大军的先锋部队，将为整支制造业大军的胜利创造条件、铺平道路。实际上，进入新世纪，面对新一轮的发展机遇，中国政府早已积极提出实施“科教兴国”和“人才强国”的战略，进一步确立了技能人才特别是高技能人才在经济社会发展中的突出地位和作用，这必将有力地促进中国经济增长方式的有效转变和经济社会的可持续发展。

从泛珠三角区域来看，该区域的内地九省区政府领导和港澳两个特别行政区的行政长官于2004 年6 月3 日在广州签署《泛珠三角区域合作框架协议》，这标志着中国迄今为止最大规模的区域经济合作正式启动。泛珠三角经济圈由过去的一个省份内的珠三角地区到九省两地，跨越了地区经济制度的差异，跨越了地区经济发展水平的悬殊，将中国处于不同经济发展层次的地区都融入一个经济体系中，使其相互的发展更为密切。而泛珠三角区域的协调发展则有赖于人才资源、物质资源和文化资源的合理开发和整合利用，人才资源是泛珠三角区域协调发展的第一资源。如果对人才资源合作开发不够重视，投入不足，就难以实现区域合作带来的速度与结构、质量与效益有机统一的协调发展，就难以实现人的全面发展和社会的全面进步。

就泛珠三角而言，技能人才资源结构和分布上存在着技能人才短缺与断层、第三产业技能人才过度集中、人才资源配置结构不合理、高级技能人才缺失、开发不合理和整合系统缺乏等主要问题。实际上，这也是全国许多地区所面临的共同问题。

根据2006年劳动和社会保障部透露的数字表明，在我国2.7亿城镇从业人员中，获得国家职业资格证书以及具有相当水平的技能劳动者只有8 720万人，只占从业人员的33%。包括高级技师、技师、高级技工在内的高技能人才只有1 860万人，只占技能劳动者的21%。其中，高级技师和技师分别只有60万人和300万人。① 目前，全国许多地区和行业普遍存在技能劳动者供不应求的现象，突出表现在制造、加工、建筑、能源、环保等传统产业和信息通信、航空航天等高新技术产业领域。另据中国人事科学研究院发布的《2005年中国人才报告》指出，目前我国技能人才队伍存在的问题有以下几点：一是数量短缺。二是结构不匹配，现有技能人才队伍的等级构成、职业工种构成、知识和技能结构等不能适应产业结构调整、技术设备更新、劳动组织岗位调整等变化的需要；复合技能型人才和知识技能型人才严重不足。三是年龄偏高，技师、高级技师面临断档。企业技师、高级技师年龄偏高，46岁以上的占技师、高级技师总数的比例达到40%以上；青年高级技能人才严重短缺。②

结合泛珠三角区域来看，泛珠三角企业中技术工人特别是高级技能

① 中央九大措施破解高技能人才短缺问题. 新华网，2006-06-13. http://news.xinhuanet.com/politics/2006-06/13/content_4687814.htm

② 高技能人才短缺，挑战“中国制造”优势. 新华每日电讯，2006-05-10. http://news.xinhuanet.com/mrdx/2006-05/10/content_4529351.htm

人才短缺的问题备受关注，而技能人才短缺的问题制约着该区域经济的发展。以广东省为例，省教育厅统计显示，2005 年全省技术工人需求量达到 502 万人，实际只有 365 万人，缺口 130 多万人；同时在 2005 年，全省高职（包括成人大专）只有毕业生 12.2 万人，中职（包括技工）只有毕业生 18 万人，二者加起来只有 30 万人，比起原缺口的 130 多万人，实际硬缺口达 100 万人左右。① 目前，全国泛滥的技能人才短缺问题已逐渐成为制约泛珠三角区域持续发展的重要因素。仅从深圳来看，"技工荒"问题伴随着深圳经济的快速发展而逐步凸显。据深圳市劳动和社会保障局调查，目前深圳市劳动力市场对技能人才的需求为 10.5 万人，而具备技能等级的求职人员仅 5.3 万人，缺口达 5 万多人，其中高级技工以上的缺口达 3 万多人。据预测，2008 年深圳技术岗位从业人员将达到 180 万人，比较现有技能人才存量的 142 万人，缺口高达 38 万人。②

造成技能人才短缺与分布不均的原因是多方面的，有经济原因、社会原因，甚至是体制原因。从宏观层面来看，主要体现在区域技能人才整合力度不够；从微观层面来看，则主要体现在技能人才的激励机制不完善。

由于不同地区地理位置、历史发展、经济状况、人文素养等方面的差异性，造成各地的人力资源整体有着不同的特色、优势与劣势，一些地区的某些优势是其他地区所不具备的，但没有得到充分的发挥；相反，某些劣势也得不到其他地区很好的弥补，这就使得人才难以得到合理配置与有效利用。因此，必须对各省区的人力资源状况进行整体盘点分析，形成较为清晰的区域人才轮廓，以便进一步研究其内在特点，加强区域经济互补层面技能人才的优势合作。比如，加强各省技能人才在优势产业方面的合作，加强技能人才教育产业方面的优势互补，促进技能人才区域性合理流动，优化技能人才结构分布与技能人才流动等。在技能人才的激励机制中，政府和企业是两个激励主体。政府是培养和引进技能人才的宏观管理者和政策制定者，政府制定的技能人才激励机制对整个技能人才培养和引进起着决定性的作用。企业则是技能人才的"消费者"，对技能人才的激励，有利于企业实现自身目标，同时可以吸

① 谢苗枫，梅志清．粤高技能人才比重不到 5% 差距加大．南方日报，2006 - 08 - 07. http：//www. southcn. com/edu/zhuanti/techschool/200608070237. htm

② 徐恬．技能培训市场进入黄金期．深圳商报，2005 - 09 - 05

引、培养和留住企业的人才，赢得竞争优势。政府和企业构建技能人才激励机制，应遵循激励相容原则，综合考虑技能人才的个性、技能等级、工龄等因素的影响，这样才能制定有效的技能人才激励机制。

以泛珠三角区域合作为出发点，分析技能人才短缺现状与根源，深入研究技能人才需求规律，同时透过对我国技能人才激励机制发展历程的分析，探索激励机制与技能人才短缺现象的相互关系，研究现有技能人才激励机制的合理性与局限性，从而提出在泛珠三角各省区间整合技能人才资源、激励技能人才的机制和策略，这无疑对该区域的经济发展乃至国家经济的持续发展有着深远的意义。

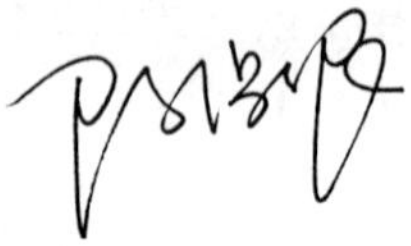

2009 年 5 月 30 日

目　录

Contents

Appendix

表格目录

图示目录

图表目录

第一章　泛珠三角合作的背景与进展

一、泛珠三角的含义

“泛珠三角”概念是2003年由广东提出的，主要是指沿珠江流域的福建、江西、湖南、广东、广西、海南、四川、贵州、云南九个省区和香港、澳门两个特别行政区，简称“9+2”经济区[①]。泛珠三角地区包括了东部三省（粤、闽、琼）、中部两省（湘、赣）、西部四省（桂、滇、黔、蜀）和香港、澳门特别行政区，既有世界上著名的金融、货运、贸易、信息中心，又有世界上最有竞争力的制造业基地，还有幅员辽阔、资源丰富的经济腹地。

泛珠三角区域陆地面积为199.45万平方公里，人口为4.46亿，分别占全国面积的20.78%，人口的34.76%。2003年九省区国内生产总值为38 835亿元，占全国的33.67%，加上香港的13 676亿港币，澳门的633.7亿元澳门元，经济总量巨大。[②] 由此可见，泛珠三角经济圈作为中国的一个超级经济圈在中国未来的政治、经济领域，甚至是世界舞台都将有重要的战略意义。单以GDP计算，泛珠三角是长三角的近两倍，2003年仅珠江口四城（香港、澳门、深圳、珠海）加上广州市2003年的GDP就达3 446亿元，[③] 比长三角15个城市的GDP总量还多590亿元。这在我国各经济区域中名列首位，就是在世界范围内的经济区中也位居前列。

按照所处的地理位置和经济发展水平，泛珠三角经济圈可以大致划分为粤港澳、西南四省、华南四省三大块。由于粤港澳自身的经济实力、高度的开放性和在全国乃至世界上的重要经济地位，在泛珠

---

① 梁庆寅．2006年：泛珠三角区域合作与发展研究报告．社会科学文献出版社，2006.2

② 闻过．泛珠三角的前世今生．广州日报，2003-12-09

③ 韩建清，吴焰．CEPA让珠三角与长三角有一拼．人民网，2003-07-11．http://comment.stock888.net/030711/103，1286，160430，00.shtml

三角经济圈中无可置疑地处于核心区和辐射源的中心地位，即大珠三角。它的经济总量相当于环渤海经济区和长三角经济区的总和。该区市场经济发达，工业化程度较高，拥有资金、技术、人才、信息、市场等优势。但由于该区生产成本逐步升高、土地等资源严重短缺以及现有的腹地狭小等原因，使得该区急需开拓自己的腹地市场。

泛珠三角经济圈中的广西、云南、贵州和四川属于中国的西南地区，是该经济圈中发展水平相对较低的地区。这一地区地域广阔，土地面积为 129 万平方公里，人口为 21 726 万，GDP 为 11 991 亿元(2003 年数据)。虽然这一地区经济实力较弱，但作为粤港澳的经济腹地，它有着独特的区位优势、丰富的自然资源、相对低廉的生产要素和巨大的潜在市场。与粤港澳高度互补，成为泛珠三角经济圈中不可或缺的组成部分，在新形势下有着巨大的发展潜力。

湖南、江西、海南、福建是泛珠三角经济圈中除广东以外处于华南地区的四个省份。这四省的经济发展相对于西南地区来说，虽在改革开放中比西南地区略有优势，经济发展起步稍早，整体经济发展程度相比较而言要高，但近年来，由于各省的经济发展缺乏新的更为强大的动力，经济增长速度开始放慢。在这四省中，除了福建发展水平相对较高，与广东既有互补性，又有同构性外，其余三省还是与广东有很大的差距。因此，在当前珠江三角洲正面临新一轮的产业结构调整的过程中，华南四省要凭借地理位置毗邻的优势，主动接受辐射，根据自身的需要和特点，在市场、产业、基础设施、体制等方面全方位地实现与珠三角的对接，以求得快速发展。

泛珠三角经济圈由过去的一省内的珠三角到九省两地，跨越了地区经济制度的差异，跨越了地区经济发展水平的悬殊，将中国处于不同经济发展层次的地区都融入一个经济体系中，使其相互的发展更密切。这不是地域在量上的简单扩大，不是各省市的机械组合，是区域内各个经济体根据自身经济发展的需要作出的必然选择：珠三角需要强大的香港作为其再次腾飞的引擎，产业转型要向内地转移；粤港澳出口导向型经济增长需要广阔的腹地，产业的扩大需要向纵深的市场拓展；西南地区需要加快国际化步伐，资源优势要尽快转化为经济优势；其余的华南几省急于寻找中心城市带动发展。这个经济梯度大的经济区域，可以让各种市场资源、资源要素在更广阔的空间更合理地流动，更经济地配置，更充分地优化。

在定位和功能上，区域的整体互补性高，易于资源优化配置，各省区各司其职，功能分工较为明确。香港已是国际的金融、物流中心，在借区域广阔的市场强化其服务业的同时，还为整个区域的经济发展提供高水平的服务，并为区域的外资引进扮好“桥头堡”的角色；澳门发展成旅游中心，而且其享受欧盟给予的优惠，是内地进军欧洲市场的良好纽带；广东则要继续强化制造业中心的位置，且处于港澳和周边八省的中间地带，可发挥港澳深入内地和内地接受港澳辐射的中介作用；内地八省在接受粤港澳辐射和带动的同时，为其持续发展提供广阔的空间和腹地。

二、泛珠三角合作的背景与进展

（一）泛珠三角合作的背景

1．CAFTA 的建立加快了泛珠三角区域一体化的进程

当今世界经济发展有两大重要的趋势：一是经济全球化；二是区域经济一体化。经济全球化的进程，具体体现在区域经济一体化的形成和发展上，更多地表现为地区之间和区域集团之间的竞争。而经济全球化的经验也表明，区域经济合作组织和区域经济圈在区域乃至国际经济合作与竞争中的作用也越来越重要。无论是国家之间的区域经济合作，还是国家内的区域经济合作，都极大地促进了区域自身的发展，也对其周边的地域甚至全世界产生了不可忽视的巨大影响。区域经济一体化已成为不可抗拒、不可逆转的时代潮流。

东盟自由贸易区（Asean Free Trade Area，简称 AFTA）于 1992 年提出，包括六个原东盟成员国（印度尼西亚、马来西亚、菲律宾、新加坡、泰国、文莱）和四个东盟新成员国（越南、老挝、缅甸和柬埔寨）共十个国家，陆地总面积为 450 万平方公里，人数为 5.3 亿。东盟自由贸易区（AFTA）是目前东盟经济一体化的主要形式。

2002 年 11 月 4 日，在柬埔寨首都金边召开的中国与东盟（10 + 1）领导人会议上，朱镕基总理与东盟十国领导人签署了《中国—东盟全面经济合作框架协议》，标志着中国—东盟自由贸易区（简称 CAFTA）正式启动，为东盟自由贸易区的发展开启了一个新纪元。

按照中国和东盟达成的协议，中国—东盟自由贸易区框架的主要内容是中国和东盟之间实现零关税、减少关税壁垒和技术壁垒等，加强沿澜沧江、湄公河流域的开发，建设昆明—曼谷公路和昆明—新加坡泛亚铁路等。很显然，这是一项以贸易自由化为重要内容的多层次、多领域的齐头并进、充分考虑各国特点的广泛合作。

目前，东盟已成为我国的第五大贸易伙伴，我国则是东盟的第六大贸易伙伴。如果中国—东盟自由贸易区能够顺利开展，将会形成一个拥有 18 亿消费者、1 408 万平方公里土地、近两万亿美元国内生产总值、1.3 万亿美元贸易总量的经济区。①

CAFTA 的建立加快了以珠三角为核心的区域一体化进程。从珠三角地区到海南、广西、云南一线是中国在 CAFTA 的直接交会区域，在 CAFTA 中，这一线地区与东盟各国或陆地相接或海上相连，具有经济融合、区域整合的空间和便利，同时珠三角地区强大的加工制造能力及产业优势对东盟各国均具有竞争力，珠三角对东盟的出口占全国的 1/3 以上，随着 CAFTA 的建成，这一比例必将进一步上升。而珠三角向东盟的进一步拓展受到资源、空间、规模等各方面的局限和制约，因此，必须在更大范围、更大空间内整合资源，以便在 CAFTA 构架下增强对东盟的竞争力和扩张能力。

2. CEPA 的签署催生了 PECO 的出笼

CEPA 是 2003 年 6 月 29 日中央政府与香港特别行政区政府及澳门特别行政区政府签署的带有双边自由贸易协定性质的文件《内地与香港关于建立更紧密经贸关系的安排》的英文简称。CEPA 协议的内容主要包括货物贸易、服务贸易和贸易投资便利化三个部分。货物贸易协议在明确香港继续对全部原产内地的货物实行零关税的同时，规定内地从 2004 年 1 月 1 日起对原产香港的 273 个税目产品实行零关税，内地不迟于 2006 年 1 月 1 日对全部原产香港的产品实行零关税。服务贸易协议对包括管理咨询、会议展览等 16 个服务行业进入内地的门槛或其他方面的资格要求大幅度降低，放宽了经营的地域限制以及当地化成分要求。贸易投资便利化提出了包含中小企业合作、中医药产业合作等贸易投资促进、通关便利、检疫、电子商务和

---

① 郝全洪. 东盟自由贸易区计划：东盟综合发展战略的新阶段. 新视野，2004（5）

法律法规透明等内容。

CEPA 的签署与实施，大大推动了深港合作、沪港合作等次区域经济的合作，是中国走向全面开放和实施区域经济一体化战略的一个重大举措，不仅有利于香港经济的恢复和转型，提升其国际金融中心和现代服务业中心的地位，同时也将推动内地经济的开放速度和开放层次。由于CEPA，粤港经济一体化更具实质性和操作空间。大珠三角以香港为中心 200 公里范围内，聚集了两万多亿的 GDP 总量，聚集了全球最大的加工中心，聚集了最发达的服务、资讯管理及市场营运资源，聚集了最密集、最活跃的城市群。这种经济能量的聚集必定要寻找其释放的腹地、资源的支撑及市场空间。①

3. 长三角的竞争压力加大了建立泛珠三角的必要性

以上海为龙头的长三角经济的崛起，使珠三角北向拓展的空间受到阻碍，珠三角经济在与长三角经济竞争的态势中，珠三角经济腹地的局限性制约了其竞争能力。

从经济总量来看，2002 年，长三角地区实现国内生产总值 19 141. 62 亿元，比 2001 年净增 2 160. 61 亿元，占全国的比重达到 18. 7%，比 2001 年提高了 1 个百分点；珠三角地区实现国内生产总值 9 536. 18 亿元，比 2001 年净增 1 013. 3 亿元，占全国的比重达到 9. 3%，比 2001 年提高了 0. 4 个百分点。总量上，长三角地区是珠三角的整整两倍，在对全国的贡献上，长三角地区也比珠三角地区高了 9. 4 个百分点。

从发展速度分析，两个地区 24 个城市的可比价增速达到了两位数，长三角地区 15 个城市的可比价增速差距不大，最快的是苏州市为 14. 5%，最慢的是上海为 10. 9%，高低落差仅为 3. 6 个百分点，应该说发展比较均衡。而珠三角地区九个城市的发展速度则差异较大，最快的是东莞市，为 18. 4%，最慢的是江门和肇庆两市，均为 10. 3%，高低落差达 8. 1 个百分点，比长三角地区大了 4. 5 个百分点，从发展均衡度来讲，要差于长三角地区。

从投资方面来看，2002 年，长江三角洲地区完成全社会固定资产投资 7 590. 66 亿元，比上年增长 21. 9%，占全国的比重达到

① 钱运春. CEPA 与珠江三角洲一体化. 世界经济研究，2003（9）

17.6%，比上年提高了0.9个百分点；珠江三角洲地区完成全社会固定资产投资2 739.46亿元，比上年增长5.6%，占全国的比重达到6.3%，比上年下降了0.7个百分点。长三角的投资总量是珠江三角洲的2.8倍，长江三角洲地区对全国的贡献也比珠江三角洲地区高了11.3个百分点。

在商务部公布的2004年1~7月份全国高新技术产品的出口统计中，长三角的高新技术产品出口已全面超过珠三角。在此之前公布的2004年第一季度有关珠三角与长三角的统计数字表明，珠三角外贸进出口总值为692.8亿美元，而长三角对应的数字为830.3亿美元。再具体到出口来看，珠三角一季度出口352.5亿美元，同比增长22.2%；进口340.3亿美元，同比增长26.6%。而同期长三角的出口为401.7亿美元，同比增长56.1%；进口428.5亿美元，同比增长60%。

从以上统计数据可以看出，从经济总量、发展速度、投资和进出口总值等各方面，长三角在与珠三角的竞争中均占据优势。但也应注意到，长三角的土地面积为9.96万平方公里，人口按第五次全国人口普查统计为8 300万人；而4.17万平方公里的珠三角的人口为4 077万，长三角的土地面积和人口规模分别是珠三角地区的2.39倍和2.04倍。从省与省之间的对比来看，广东目前仍是全国当之无愧的出口老大。我们在客观分析这些数据的同时，必须认识到随着中国改革开放的深入，有着良好地理、产业、技术、人才优势的长三角地区已经快马赶上，并已对珠三角形成了强劲的挑战。长三角不仅自身区域远超过珠三角，同时由于其地处中部，沿长江及陆地向外辐射扩展及资源供应的能力远超过珠三角，在这种背景下，珠三角西向拓展成为必然，区域经济的整合及一体化发展成为珠三角下一步发展及与长三角竞争的必然需要。①

（二）泛珠三角合作的进展

1.《泛珠三角区域合作框架协议》的签署

泛珠三角区域的内地九省区政府领导和港澳两个特别行政区的

---

① 长三角与珠三角经济发展比较分析. 中国统计信息网，2008-04-02. http://www.news.dayoo.com

行政长官于2004年6月3日在广州签署《泛珠三角区域合作框架协议》，这标志着中国迄今为止最大规模的区域经济合作正式启动。该框架协议将成为今后泛珠三角区域开展合作的纲领性、指导性文件。

框架协议指出，推动泛珠三角区域合作对促进港澳经济社会繁荣发展、扩大内地省区对内对外开放、提高开放的水平、加快全面建设小康社会的步伐、增强区域整体实力和竞争力，具有重要的现实意义和战略意义。

根据协议，“9＋2”泛珠三角区域将秉承“自愿参与、市场主导、开放公平、优势互补、互利共赢”的原则，在基础设施、产业与投资、商务与贸易、旅游、农业、劳务、科教文化、信息化建设、环境保护、卫生防疫等十大领域展开全面合作。

为保证有效开展合作，协议在区域合作的决策、组织和实施层面都建立了相应的沟通协调机制：建立政府行政首长联席会议制度、政府秘书长协调制度、部门衔接落实制度。

同时，合作各方商定，今后将按照“联合主办、轮流承办”的形式，原则上每年举办一次泛珠三角区域合作与发展论坛和经贸合作洽谈会，使之成为推进区域合作的两个重要平台。

2. 泛珠三角合作成效显著

以2004年“首届泛珠三角区域合作与发展论坛”的召开为标志，泛珠三角区域合作正式启动。泛珠三角区域合作四年以来，区域合作的共识不断深化，合作的机制不断完善，合作的领域不断拓展，合作的成效日益显现。制定并经中央批准实施《泛珠三角区域合作框架协议》；编制并推进实施《泛珠三角区域合作发展规划纲要(2006—2020年)》及交通、能源、科技、信息化、环保等专项规划，加快基础设施建设对接，促进公平、开放、规范的市场体系建设，有序推动了区域合作的发展；合作领域不断拓展，从框架协议规定的十大内容扩大到司法、反走私、学术研究和社会团体等方面，各方有关部门共签署涉及泛珠整个区域的专项合作协议、宣言或备忘录近百个；经贸交流与合作显著加强，截至2008年6月，合作各方累计签约项目1.4万个，签约金额超过1.6万亿元。通过区域合作，泛珠区域整体实力显著提高。2007年，泛珠内地九省区GDP达79 501亿元，占全国的1/3，2005至2007年年均增长13.4%，超过全国平均水平2.4个百分点。[①]

“9+2”基础设施建设合作，加速了资源、要素的自由流通。目前，武广客运专线湘粤段、京港澳高速、广贺高速、广梧高速等项目正加紧建设，进展顺利，港珠澳大桥前期工作扎实推进，“西电东送”顺利实施。广东已完成粤赣、渝湛和西部沿海高速珠海段等高速公路出省通道的建设任务，实现了与周边省区（海南除外）都有一条高速公路连通的战略目标，预计到2010年，广东省高速公路出省通道将由目前的6条增至15条。[②]

泛珠合作推进了公平、开放的大市场建设。九省区工商、税务、质监、食品药品监督、反走私、知识产权、旅游、劳动保障、海关等各部门签订了具体领域的合作协议。通过清理具有地方保护性质的法规、改善区域内的投资环境、加强执法合作和联动协查等有益的探索，为建立公平、开放、规范的市场环境奠定了基础，企业的跨区域生产经营和合作交流更加便利，区域经济合作与发展更具有生机和活力。

尤为重要的是，泛珠合作使内地与港澳的关系更加紧密，拓展了港澳的发展腹地，促进了港澳地区的繁荣稳定。东盟、欧洲、北美、阿拉伯等地区的一些政府和大型企业，对泛珠合作高度关注，都明确表示了加强与泛珠合作的愿望。在第三、四届论坛期间，成功举办了泛珠—东盟对话会。泛珠合作的影响不断扩大，品牌形象逐步确立。泛珠合作正初步成为实现合作各方共同利益、促进港澳繁荣稳定、推动东中西部协调发展的重要载体。因此，泛珠合作被作为一件国家大事列入2007年10月9日公布的《为全面建设小康社会、开创中国特色社会主义事业新局面而奋斗——党的十六大以来大事记》中。

今后，泛珠将重点加强区域内交通、能源、环保等基础设施建设方面的合作，特别是加强跨区域的高速公路、铁路、水运、航空以及能源、环保项目的规划和工作衔接，加快建设进度。组织实施好《泛珠三角区域合作发展规划纲要（2006—2020年）》和交通、能源、科技、信息化和环保专项合作规划，抓紧修订珠江流域水污染防

---

① 何静文. 落实科学发展观 泛珠三角区域合作四年成效显著. 泛珠三角合作信息网，2008-06-30. http://www.pprd.org.cn/zhuanti/sinian/szn/200810/t20081015_50787.htm

② 车晓蕙，王攀. 泛珠三角合作框架协议签署. 人民日报，2004-06-04. http://news.sina.com.cn/o/2004-06-04/05462711560s.shtml

治“十一五”规划。推动泛珠三角区域整体品牌的树立，宣传推介泛珠三角整体形象，并与国内典型区域合作组织和国际著名区域合作组织建立工作联系与交流机制，提升泛珠三角区域的综合竞争力和国际影响力。[①]

（三）泛珠三角合作的意义

1. 改变我国区域经济竞争格局

随着泛珠三角经济圈的推进，实际上中国从南到北已经形成了三大经济圈：泛珠三角经济圈、长三角经济圈、环渤海经济圈。

泛珠三角的打造，使经济圈的经济学意义凸现出来。香港这一经济中心的首位度（所谓“城市首位度”，也称“首位城市指数”，是指一个国家或地区最大城市人口数与第二大城市人口数之间的比值，它通常用来反映该国或地区的城市规模结构和人口集中程度）达到5以上，经济实力按GDP比是上海的2~3倍，并有着强大的辐射扩散作用，使得经济圈的发展规模和经济效能增大；经济腹地向西南、东中部省份纵深拓展，为中心城市和地区经济能量的释放和扩散寻找到了接受地，也为支撑中心城市和地区的发展找到了要素资源的供给源和市场，而且这一腹地广阔而极具发展潜力；就经济区的分布来看，整个泛珠三角以香港为中心形成紧密层和半紧密层，呈扇状分布，极化—扩散效应明显，核心区、紧密层和半紧密层的整体互补性强，经济梯度大，更有利于定位各地区在经济圈中的角色和功能，合理优化产业结构，促进区域的分工与协作，实现优势互补，增强经济圈的综合实力。

整合之后的泛珠三角经济区在与长三角的新一轮角逐中，将以“珠江虎”的群体力量对阵“长江龙”，特别是在投资方面，面对外商投资北移的挑战，粤港作为这一地区的增长中心与整个地区一起发展经济。对各国投资者来说，不仅投资的成本较低，投资安全，投资能赚钱，而且有着现实和潜在的巨大市场容量，泛珠三角将展现出无穷的生机和活力。各个经济区之间越发激烈的竞争，将大大有利于各地区发展活力的增强和经济增长速度的提升。

① 钟玉明. 泛珠三角区域合作成效显著. 新华网，2007-06-04. http://news.qq.com/a/20070604/002770.htm

2. 促进东西部地区协调发展，推动西部大开发战略实施

几年前，当西部大开发战略提出时，东西部协调发展战略已经开始实施，国家呼吁东部在寻求自身发展的同时，也要帮助西部加快经济发展的步伐。但由于缺乏紧密的合作和直接的经济联系，这种带动作用并不明显。而在构建泛珠三角经济圈中，粤港澳顺着珠江溯流而下，向西部作梯度扩展和延伸，把广西、云南、贵州和四川作为其经济腹地纳入这一经济体系中，将东部与西部、沿海与内陆、经济发达地区与欠发达地区结合为一体。这不仅顺应了西部大开发之势，而且将东西部地区的合作上升到了一个新的高度，成为地区经济中“先富带后富”的具体典范。

西部西南地区在三年多来的大开发中已有了相当的基础，禀赋的经济资源、国家的优惠政策、广阔巨大的市场潜力，尤其是云南和广西沿边的外销市场前景良好，加上 CAFTA 与 CEPA 的签订，泛珠三角经济圈的带动，西南四省必定后来居上，脱颖而出。推进泛珠三角区域的合作和建设，对加强支撑粤港澳出口导向型经济持续增长、粤港澳地区和珠三角产业向内陆转移及市场的纵深扩展、加快西南地区经济的国际化步伐和资源优势的转化，都有重要作用。在泛珠三角区域合作中，香港是国际性的金融、物流、信息和旅游中心，服务业占明显优势，也是引领这一区域走向世界、参与国际科技经济合作的高端平台；澳门与欧盟、葡语国家关系密切，是引进发达国家先进技术的重要桥梁；广东是重要的世界级制造基地，云、贵、川、桂、湘、闽、赣、琼等地有丰富的能源、矿产资源、农副产品和劳动力。这些各具特色的优势使泛珠三角地区在未来发展中具有巨大的合作潜力，容易形成整体竞争优势，促进东西部地区的协调发展，推动西部大开发战略的实施。泛珠三角九省两地已经决定将在信息产业领域的投资融资、市场拓展、技术配合与应用等多个层面展开合作，并逐步推进整个区域交通网络的建设。信息交通等基础设施合作先行，为今后更多方面的合作奠定了基础。在产业上，西部在接受大珠三角产业转移时，可以利用大珠三角已经形成的品牌效应，以及雄厚的资金、技术、人才和管理优势，发挥自身的劳动力和自然资源优势，发展优势和重点产业，实现产业升级。西南也可以借香港和广东提高开放水平，扩大对外开放。

在下一轮发展中，香港可以将信息传往内地，同时协调内地九省区的资源更快地向国际转移。广东可组织企业，尤其是民营企业和成熟行业在九省区投资并形成规模，在九省区形成平等、统一、透明的政策平台，成功后甚至可以向上扩展成全国性的政策平台。

泛珠三角区域合作的现实意义在于，前一轮长三角、珠三角等区域之争的背后是地方政府的竞争，即财政与税收优惠政策的竞争。国家已经意识到这一点，而通过区域合作，可以促进经济发达地区的企业向欠发达地区流动，建立区域统一政策平台。这一政策平台对区域整体经济的良性发展十分重要。①

三、泛珠三角人才领域合作的现状

（一）泛珠三角人才领域合作的重要性

坚持以人为本，全面、协调、可持续的科学发展观，已经成为我国全面建设小康社会和实现现代化的根本指导方针。泛珠三角的区域合作，各省（或地区）将依托各自的优势，充分利用沿海交通便利、内陆腹地广阔的优势，通过对内对外开放，充分利用国内国外两种资源、两个市场，以开放促合作、开放促发展、开放促内引外联，在更深层次和更广的范围内开展区域分工合作。

泛珠三角区域合作与发展的内容有促进区域产业协调发展，培育区域优势产业；建立完善的区域交通、通信网络和公共信息平台；共建统一市场，促进区域经贸合作，在物流、信息、金融、产权、人力资源以及贸易和交通运输等方面铸就八大平台。值得提出的是，当前泛珠三角合作的重中之重应该是人力资源开发方面的合作。人才资源是泛珠三角成功合作的第一资源。促进泛珠三角区域产业协调发展，培育区域优势产业，需要大量人才；建立完善的泛珠三角区域交通、通信网络和公共信息平台，需要大量人才；共建统一市场，促进泛珠三角区域经贸合作，在物流、信息、金融、产权、人力资源以及贸易和交通运输等方面铸就八大平台，更需要大量人才。

① “泛珠”协议意在构建区域统一政策平台. 新快报，2004 - 06 - 10. http://www.lingnan.net/news2/testnews/2004610150417.htm

从泛珠三角全局来看，泛珠三角区域的协调发展有赖于人才资源、物质资源和精神资源的合理开发和整合应用，其中，人才资源才是泛珠三角区域协调发展的第一资源。如果对人才资源合作开发不够重视、投入不足，对精神文明建设不重视，人才资源、文化资源、信息资源、思想资源、知识资源、道德资源也会枯竭和耗尽。这就难以实现区域合作带来的速度与结构、质量与效益的有机统一的协调发展；就难以实现人的全面发展和社会的全面进步；就难以切实解决区域间、区域内经济和社会发展“一条腿长、一条腿短”的问题。[①]

（二）泛珠三角人才服务合作协议

根据《泛珠三角区域合作框架协议》的有关精神，泛珠三角九省区政府所属的人才服务机构，经2004年7月23日的“泛珠三角人才服务合作会议”商定，各省区贯彻实施人才强国战略，围绕《泛珠三角区域合作框架协议》，在“9+2”区域范围内，不断加强各省区的联系与合作，充分利用各地的比较优势资源，努力做好人才培养、人才引进、人才使用以及智力交流等相关工作，积极为区域经济发展提供强有力的人才保障。泛珠三角区域坚持平等自愿、优势互补、资源共享、互利互惠的原则，进行如下几方面的合作：

（1）建立区域合作联席会议制度。联席会议成员暂由九省区人才服务机构负责人组成，随后将邀香港、澳门参与，每年轮流在各省区召开联席会议，通报各省区人才服务情况，商定合作事项。轮值省区应为联席会议提供相关服务。

（2）构建区域人才网络合作平台。在各合作方人才网站首页显著位置设立“泛珠三角区域人才服务合作”统一标识，共同组织网上招聘会或者发布信息，推进区域人才资源共享。

（3）定期组织区域人才智力交流会。定期向合作方提供人才信息，协助解决紧缺人才、高层次人才的需求困难；定期举办面向区域的大型人才交流会，其他合作方组织一定数量的单位参会。主办方提供优惠服务。

（4）建立培训合作机制，开展人才培训业务。根据个性优势建立合作区域内的培训业务互动，共同创立培训品牌。

---

① 杨勇．人才是泛珠三角合作的第一资源．广东经济，2004（7）

（5）建立人事代理互助制度。为到合作区域工作的各类人才提供相关的人事代理和人才派遣服务。

（6）开辟区域人才服务合作论坛。根据合作进展情况，适时组织有关合作内容的学术论坛，提出合作新思路，研究合作新对策，推动区域人才服务合作不断向深层次发展。

（7）建立合作动态调整机制。各省区可结合本地特点，适时提出议题或项目，经协商同意，共同组织落实。一经商定的合作项目，各合作单位均应积极配合，努力创造条件促使合作成功。协助解决合作方所在地人才流动中的人才劳务纠纷。

（三）泛珠三角区域人才合作的进展

《泛珠三角区域合作框架协议》签订以来，泛珠三角区域内人才服务合作已进入实质性阶段，以上七项协议内容都取得了重大进展。

以建立区域合作联席会议制度为例，2004 年，泛珠三角区域九个省区人才服务机构及港澳有关机构协商一致，组成区域人才服务合作协调组织，建立泛珠三角区域人才服务合作联席会议制度，几年来已先后在广东等七省区举办过七次联席会议，现已开通了泛珠三角区域九省区人才市场网联系统。以前，九省区人才市场网站数据库标准不统一，信息不能贯通，为跨区域求职带来不便。在全国人才市场尚属首创的泛珠三角九省区人才市场网联系统，连接九省区人才市场网站，系统内的网站实现了信息贯通，数据库共享，使用人单位或人才一站发布信息，多站受用。系统开通后，各地的用人单位通过登录各省人才网，就可以查看到泛珠三角区域九省区人才市场网站发布的所有人才信息和开放的人才数据库信息；各类求职人员登录人才网，则可看到泛珠三角区域九省区人才市场网站发布的招聘信息，在一个网站投递的求职简历，可以被泛珠三角区域的用人单位自动搜索到，足不出户就能轻松地在九省区求职。

2008 年 9 月，泛珠三角区域人才服务合作第七次联席会议暨改革开放三十周年人才服务发展回顾与展望纪念活动在贵州省贵阳市举办，本次会议发出了《泛珠三角区域政府人才服务机构“关爱灾区、促进就业”网络招聘会倡议书》，举办一场为期一个月的以“关爱灾区、促进就业”为主题的网络招聘会，由九省区人才中心组织所在地企事业单位参会，专门帮助地震灾区高校毕业生和各类人才就业，对地处重灾区的参会企业给予免费。

泛珠九省区之间的人才服务合作，对于建设统一开放的人才市场体系，引导人才合理有序地流动，加快区域经济社会发展起到了积极的促进作用。据了解，截至2008年8月底，泛珠三角九省人才市场网联系统有效个人简历数已达346万份，每日新增简历数约1.5万份；已分布职位需求并正在招聘中的单位数为53万多家，每日新增约2 000家；有效期内的职位信息数约231万个，每日新增职位数约1万个；人才网联盟日浏览量21万人次。①

在泛珠三角区域内沿海省区开始出现“民工荒”，而腹地省区又有大量农村富余劳动力急需转移就业的背景下，区域内劳务合作发展迅猛。以广西为例，据不完全统计，截至2007年底，广西已与广东、福建等省份签订区域间（省、市、县）劳务合作协议62件；区域间举办劳务合作会、洽谈会、招聘会136场。2007年，全省农村劳动力转移就业新增人数74.88万人，其中向广东、海南、福建等泛珠三角地区输出的新增人数占到了一半以上。据统计，2007年广西到泛珠三角沿海省份务工的总人数达到了367.57万人。广西各地还在广东省设立了九个劳务输出办事机构，专门协助地区劳务输出、跟踪管理，以及帮助劳动者维权等。②

2009年6月3日，泛珠三角九省区签署《人力资源市场信息网络平台合作共建框架协议》，各方将建立信息网络平台建设管理领导机构、工作情况通报和交流机制、信息上网的运行和管理机制，到2010年6月底前，建成泛珠三角区域九省区信息交换平台，实现区域内各省区级人力资源市场供求信息的共享和发布；各省区地级以上、县（区）以上和有条件的街道（乡镇）人力资源市场的供求信息在本省区级人力资源市场网站发布，实现区域信息共享。

---

① 靖晓燕. 泛珠三角区域九省区人才服务合作联席会. 贵州日报，2008-09-19. http：//www.eol.cn/guizhounews_5223/20080919/t20080919_326377.shtml

② 周红梅. 从务虚走向务实——泛珠三角劳务合作惠及数百万民工. 广西日报，2008-05-12. http：//www.gxi.gov.cn/qyhz/qyhz_gnqyhz/200805/t20080512_55187.htm

第二章 技能人才对泛珠三角经济发展的影响

一、技能人才对泛珠三角经济发展的作用

（一）技能人才概念的界定

“才能杰出者”，谓之人才。人才学家认为：“人才是指那些在社会实践活动中具有专门的知识和能力，能够以自己的创造性劳动认识世界和改造世界，对社会进步能作出一定贡献或是已经作出贡献的人。”简而言之，有能力、有贡献、有创造性的人，即是人才。人才是事业之本，这是千古不变的真理。邓小平指出：“我们事业成败的关键就是能不能发现人才，能不能用好人才。”美国科学院院长、现代化专家阿历克斯·英克尔认为，先有人的现代化，再有机构现代化，最后才是国家的现代化。[①]

技能人才是人才中的一个特殊群体。技能人才标准不是绝对的，而是相对的，不是静止的，而是发展的。《广东省“九五”至2010年技能人才开发规划》，首次以政府文件的形式给技能人才下了个定义，即技能人才是指具有职业技术特长，按照国家职业标准，经职业技能鉴定机构鉴定合格，取得中级及以上职业资格证书的人员。因此，对技能人才可界定为：拥有熟练专业技术及相关专业知识，且具备实践能力，以蓝领、灰领从业人员中的技师、高级技师为主体的人才。按技术等级分为初级技能人才、中级技能人才、高级技能人才。按技术特点分为技术技能型人才、复合技能型人才、知识技能型人才、新技师等。[②]

---

① 人才概念内涵探析．中国肥西政务网，2006－12－28．http://www.ahfeixi.gov.cn/welcome/

② 深圳市劳动和社会保障局．深圳技能人才调查．海天出版社，2005

从行业与工种划分，高技能人才是在生产、运输和服务等领域熟练掌握专门知识和技术，具备精湛的操作技能，并在工作实践中能够解决关键技术和工艺的操作性难题的人员。其主要包括技术技能劳动者中取得高级技工、技师和高级技师职业资格及相应职级的人员。如高级车工、高级模具钳工、汽车维修技师、火箭装配技师、加工中心操作技师、烹饪高级技师、高级美容师等。职业涉及商业、服务业人员和生产、运输设备操作人员（《中华人民共和国职业分类大典》中第三至第六大类）。①

技术人才和技能人才是两个比较容易混淆的概念。因此，有必要对技能人才与技术人才之间的关系进行研究。技术人才和技能人才是按照生产或工作活动过程的目的进行分类的。其中两个结果：

（1）技术人才，是实现工程设计向世界生产工艺转化的人才，即将工程型人才的设计、规划、决策变为最终产品或社会运行的具体流程。如工厂技术员、工艺工程师、农艺师等，他们对具体生产或社会活动起直接作用。

（2）技能人才，是实现生产工艺向产品形态，流程设计向具体操作转化的人才。他们是最终产品与服务的直接创造者，是社会活动的直接实现者，如技工、高级技师、园林师等。②

随着科学技术的发展，工作过程日益深度化、复杂化，这必然会引起工作岗位综合能力要求的提升。而综合能力要求的提升使得人才间的知识能力结构，包括工作领域出现了重叠。美国普渡大学（Purdue University） W. K. Lebold 教授提到工程师与技术师的关系："他们的任务高度相似，有时很难讲清楚在职业中哪里是一种人才的终点和另一种人才的起点。"国内某机床公司的领导认为："数控技术的维修人员至少必须具备数控机床设计人员的一半知识。"③ 可见，技术人才和技能人才的界限正趋向模糊化，即技术人才和技能人才出现了部分的重叠，两者间的关系可用数集关系图 2.1 表示，中间的

---

① 刘易. 官方定义技能人才. 2006－07－06. http://www.southcn.cn/job/careercenter/hrmanagement/200607060288.htm

② 朱龙飞. 技能型人才激励模式的实证研究. 江西师范大学出版社，2006

③ 吕鑫祥. 试论高等职业教育培养目标基本特征. 论文库职高教育论文选. www.lwcool.com

交集部分既能理解为技术人才，也可以理解为技能人才。

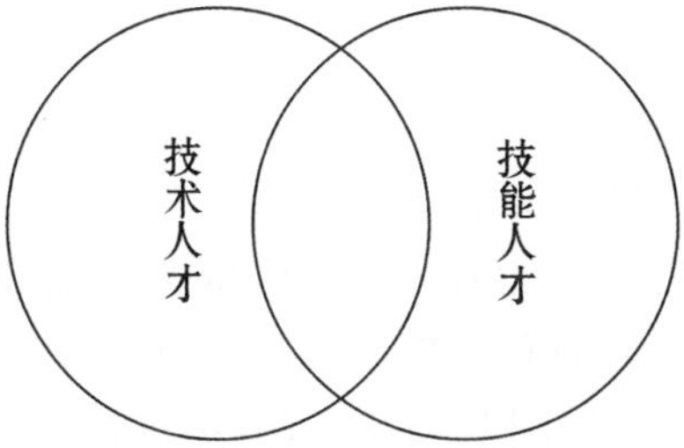

图 2.1　技术人才与技能人才的关系

（二）技能人才对国家经济发展的作用

自改革开放以来，我国的经济取得了长足的发展。随着改革的深入，特别是在我国加入 WTO 以后，中国的市场进一步开放，中国与世界各国的经济联系日益紧密，相互依赖程度进一步提高，越来越多的跨国企业进入中国市场。据初步统计，在全球最大的 500 家跨国公司中，已有 400 多家进入中国投资，其中近 30 家设立了地区总部，外资研发机构超过 400 家，投资项目近 1 500 个，项目平均投资额约 2 000 万美元。跨国公司的投资使得企业间对优秀人才的竞争程度空前加剧。①

现代经济发展表明，科技进步对经济的加速度作用日益明显。在我国的经济发展中，依靠科技进步的因素已由改革开放前的 3.6% 提高到 1990 年的 30% 左右，进入 90 年代以后，科技进步对经济增长的贡献率不断上升，现已接近 40%，但与发达国家的 60%~80% 相比，差距仍然较大。②

随着社会经济的快速发展，技能人才在我国社会经济活动中发挥着越来越重要的作用。然而，尽管我国劳动力资源丰富，但技能人才的整体素质并不高，缺口大。劳动和社会保障部 2004 年对全国 40 个城市技能人才状况抽样调查的结果显示，技师和高级技师占全部

① 石广生. 入世后的中国经济. 中华工商联合出版社，2004. 2

② 中国人事科学研究院. 2005 中国人才报告：构建和谐社会历史进程中的人才开发. 人民出版社，2005. 8

技术工人的比例不到4%，而企业需求的比例是14%以上。2005年第二季度全国104个城市的劳动力市场职业供求状况信息显示，需求量较大的是高级技工、技师、高级技师，需求人数分别为134 495人、72 380人、26 116人，供给人数分别为88 726人、48 526人、17 173人，缺口总人数分别为45 769人、23 854人、8 943人，缺口数量较大。由此可见，技能人才短缺已成为我国经济发展的瓶颈。①

进入新的世纪，面对新一轮的发展机遇，中国政府积极提出实施“科技兴国”和“人才强国”战略，进一步确立了技能人才特别是高技能人才在经济社会发展中的突出地位和作用，这必将有力地促进中国经济增长方式的有效转变和经济社会的持续发展。

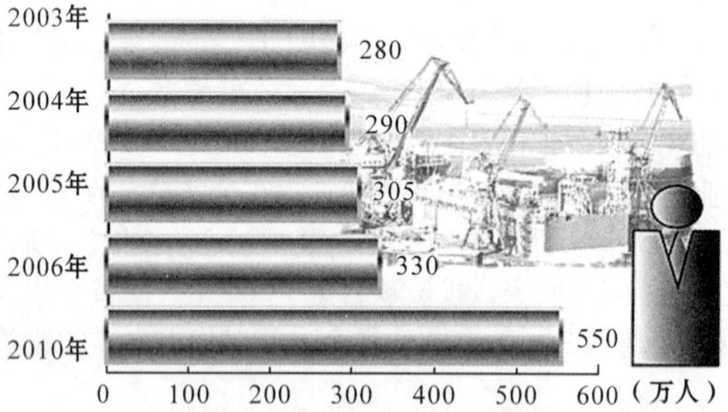

图2.2　我国高技能人才数量②

2006年，中共中央办公厅、国务院办公厅联合下发《关于进一步加强高技能人才工作的意见》，提出九条具体措施来培养与激励高技能人才，包括技能培养、考核评价、岗位使用、竞赛选拔、技术交流、表彰激励、合理流动、社会保障、财政投入。到“十一五”期末，我国高级技工（职业资格三级）水平以上的高技能人才将占技能劳动者总数的25%以上，其中，技师、高级技师达到5%以上，并带动中、初级技能劳动者队伍的梯次发展。到2020年，力争使我国

① 劳动和社会保障部课题组. 关于技工短缺的调研报告. 2004

② 中央九大措施破解高技能人才短缺问题. 新华网，2006－06－13. http://news.xinhuanet.com/politics/2006－06/13/

高、中、初级技能劳动者的比例达到中等发达国家水平，形成与经济社会和谐发展的格局。①

具有高超技能水平、良好职业道德的高技能人才，是人才队伍的重要组成部分，是技能人才队伍中的核心骨干，是推动技术创新和实现科技成果转化不可缺少的重要力量，是技术创新的探索者、实践者和推动者。改造传统产业，发展高新技术产业和新兴产业，不仅需要科研人员、工程技术人员，还必须有高超技能、精湛技艺的高技能人才的参与。充分开发利用我国丰富的人力资源特别是高素质的人才资源，建设一支具有良好政治素质和业务素质的专业技能队伍，既是改革开放进一步发展经济的客观需要，也是加速科技进步、促进国民经济迅速成长，保证顺利实现社会主义现代化建设战略目标的一项重要措施。

技术工人短缺与素质偏低，已经成为众多企业发展的一个瓶颈。就像朱镕基总理说的那样，“没有技术工人，没有诚信和质量，企业就没有前途”。只有培养出千百万掌握实用科技知识、具有娴熟技艺和高超手艺的生产第一线的劳动者，才能使先进的机器设备得以准确操作和使用，才能使先进的科学技术在生产中得到实际运用，才能使企业提高产品质量、争创国际名牌、增强竞争力。

二、泛珠三角地区技能人才现状

高技能人才在区域经济快速发展和社会前进中也起着推动作用。其不仅在经济发展的初期起到了重要作用，在技术转移和产业结构调整中也起到了关键性作用。

泛珠三角人才资源相对丰富。这不仅体现在人才的总量上，同时也体现在人才的种类上。据统计，泛珠三角九省区的人才总量约是500万人（具有中专以上学历或初级以上职称的人员），约占全国的36%。这些人才遍布各行各业，在各地经济社会的发展中起着中流砥柱的作用。但是，泛珠三角技能人才资源状况却不尽如人意，在总量

---

① 中央九大措施破解高技能人才短缺问题. 新华网，2006－06－13. http://news.xinhuanet.com/politics/2006－06/13/content_4687814.htm

和分布上存在以下几个主要问题：

（一）技能人才短缺与结构不合理

近年来，企业抢技师的现象屡屡见诸报端，高薪诚聘却又聘不到高技能人才的新闻也不绝于耳。这些现象已并非炒作，而实为高技能人才严重短缺的真实反映。根据 2004 年的数据显示，泛珠区域内的初、中、高各层次技能人才的比例分别为 56%，35.24%，7.02%，[①]高技能人才与发达国家 20%～40% 的比例相差甚远，与国家“十一五”规划 25% 的目标有一定的差距。泛珠区域对技能人才的需求越来越旺盛，技能人才缺乏将直接制约着区域产业的调整升级和社会的发展。因此，加快技能人才培养是转变经济增长方式的内在要求，也是社会快速发展的迫切需要。根据国际上经济转型国家（地区）的发展经验，一个国家或地区随着经济转型的完成，新兴产业将对技能人才提出更强烈的需求。

在泛珠三角地区，普遍存在劳动力资源短缺和技能型人才不足的现象。据统计，单是东莞市就缺普通技能人才 20 万之多，需要通过提高工资来吸引技能人才。目前，广东省仅操作程控机床的高级技能人才就缺 10 万多人，到“十一五”期末，广东省高级技能人才的缺口将达 135 万多人。尤其突出的是，“两高”人才相对于长三角、北京、上海等地严重不足：一是高层次科技人才，特别是科技领军人才十分缺乏；二是在生产第一线的高技能人才严重不足。在泛珠三角地区，尽管人才资源丰富，但也只是相对的，与北京、上海以及长三角地区相比，在数量上、质量上都有较大差距。

其次，技能人才结构分布不平衡。一方面，大量的技能人才集中在大珠三角和中心城市，约占 70%，西部地区和基层一线的人才显得不足，仅占 30%；另一方面，“两高”人才和技能型人才不足，只有 6.5%，普通型人才相对较多，约占 70%。此外，教育、卫生等一些传统行业的人才相对较多，约占 68%，信息技术、金融、管理、外贸等一些行业的人才不足，约占 18%。[②]

---

① 劳动保障部加快培养高技能人才工作座谈会综述．中国劳动保障报，2004－01－29

② 王万林．如何加强与大珠三角、泛珠三角的人才资源共享和合作．茂名人事信息网．http：//www. mmrs. gov. cn/news/ReadNews. asp？NewsID＝1465

以广州为例，2007 年广州市技能人才实际供给 146.37 万人，社会的总体需求达 194.6 万人，供需之间实际缺口 48.23 万人。从行业角度看，制造业供需关系较为紧张，装备制造业、生物医药和石化工业的缺口尤其明显，服务业供需总体平衡，但会展业和计算机信息服务业，需求大于供给。从三种产业的结构来看，第一产业的人才供需基本平衡，第三产业人才供给略小于需求，第二产业的人才总供给与总需求之间缺口巨大。从行业分布看，技能人才集中于传统优势行业如传统制造业、住宿餐饮服务业和交通运输业等，而广州市重点发展的四大支柱产业、装备制造业、高新技术产业、现代服务业等行业中技能人才供需矛盾突出。

广州市技能人才的职业技能等级分布呈现比较明显的梯级态势，其中高级技师占 1.9%，技师占 7%，高级工占 17.45%，中级工占 36.8%，初级工占 36.75%。初、中级工等级共占 73.55%，技能人才的技能等级结构呈现明显的初、中级化。尽管高技能人才近几年来供给有所增加，但是，由于高技能人才规模只占技能人才总量的 10.19%，因此，与经济发展对高技能人才需求相比，缺口很大，2007 年需求缺口为 35.9%。①

（二）人才培养与评价机制有待完善

首先，技能人才培养体系尚未完善。受传统观念和教育体制的影响，泛珠三角内不少职业教育学校和培训机构规模偏小，结构不合理，尚未形成适应经济社会发展需要的现代职业教育培训体系，中职与高职缺乏沟通和衔接，技能人才成长的道路不够顺畅，部分企业缺乏培养技能人才的积极性。

其次，技能人才评价体系有待完善。主要表现在：一是新职业的确认和新职业标准的开发滞后，评价工作缺乏依据；二是评价方式单一，偏重于考试，阻碍了高技能人才的成长和脱颖而出；三是考核评价的质量监管体系不健全，影响到职业资格证书发放的质量。

再次，技能人才培养经费投入不足，基础能力建设落后。作为培养技能人才主渠道的各类职业教育培训学校投入少，经费严重不足，

---

① 建立适应现代产业体系的职业技能人才发展体制. 广州政协网，2009-02-22. http：//www.gzzx.gov.cn/ti_an/content_form.aspx? type=zhengji&tid=10832

造成培训规模小，层次低，设备老化。特别是财政投入少，投资分散，没有形成一定规模的技能人才公共实训基地，师资队伍和教学设备都不能适应经济发展和技术进步的需要，严重制约了泛珠三角区域加快培养技能人才的步伐。

（三）区域内技能人才外流现象加剧

近几年，各劳务输出大省（如广西、湖南、江西、四川等）的技能人才到珠三角经济发展较快的城市（如广州、深圳、东莞、中山、惠州等）的规模有不断变小的趋势，相当一部分的技能人才流向浙江、上海等长三角地域，主要是这些城市的福利待遇比珠三角更有吸引力。

因此，技能人才短缺的问题迫切需要在泛珠三角合作的框架内得到解决或缓解。内地的泛珠三角各省区是珠三角制造业最庞大的劳动力资源供应地，珠三角企业的资本、技术资源离开了泛珠三角各省区劳动力资源的协调配套将无竞争优势可言。由此，泛珠三角合作范围内的江西、湖南、广西、四川等省区成为珠三角制造业实现升级转型、再造竞争力的广大腹地。在这样的趋势下，“9 +2”的区域协作才能显示出强大的市场动力和生命力。

三、技能人才短缺与结构不合理对泛珠三角经济发展的影响

（一）泛珠三角区域经济发展与技能人才的相关性

某个经济区域的 GDP 状况如何，与本区域的人才数量密切相关。我们以各省份 GDP 总量、各省份技能人才总量为相关指标进行对比，分析经济发展指标与技能人才指标的相关性（见表 2. 1、图 2. 3）。

表 2. 1 泛珠三角区域各省份 2005 年 GDP 总量及技能人才数量对比

省份	GDP 总量（亿元）	排序	技能人才总量（万人）	排序
广东	21 701. 3	1	312. 52	1
福建	6 560. 1	3	116. 9	4
海南	903. 6	9	20. 48	9
湖南	6 500	4	169. 76	3

（续上表）

省份	GDP 总量（亿元）	排序	技能人才总量（万人）	排序
江西	4 070	5	104.72	6
四川	7 385.1	2	215.63	2
贵州	1 910	8	73.54	8
广西	4 063.3	6	116.52	5
云南	3 475	7	103.9	7
合计	56 568.4	—	1 233.97	—

资料来源：《泛珠9省第一次经济普查主要数据公报（第一号）》、各省社会劳动保障厅网及统计信息网。

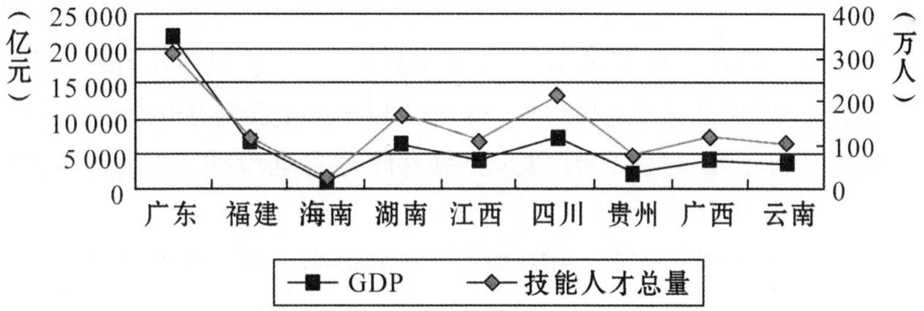

图 2.3　泛珠各省 GDP 与技能人才总量

从总量来看，GDP 排序与技能人才资源总量排序基本一致，说明技能人才总量占有越多，经济实力也越强。其中，排序完全一致的有五个省：广东、海南、福建、广西、云南。排序较为相关的（序号相差 2 ~ 3 个位）有贵州、四川、湖南、江西等四个省。

（二）技能人才供需平衡是泛珠区域经济互补与人才合作的客观要求

与 20 世纪八九十年代出现的人才“孔雀东南飞”相比，珠三角的吸引力正在逐渐减退，而本土的人才培养又不足以支援经济高速发展的要求。如此两个方面，成了制约珠三角经济发展的主要障碍。加上受传统人才观念的影响，人力资源管理制度和用人机制等改革远远落后于市场经济体制改革，造成了较为突出的技能人才资源配置矛盾。

制约珠三角经济发展与产业升级的因素不仅仅是笼统的劳动力供给数量不足，而且还有技能型人才引致的供给结构性矛盾。据广东一家企业反映，开出月薪 6 000 元也未能找到高级钳工和高级模具工。技工紧缺主要是由于进城务工农民里，相当一部分工人没有受过相关的专业教育或职业培训。随着产业结构升级和现代化建设步伐的加快，职业技术人才的需求正不断扩大，城市对进城务工农民素质的要求愈来愈高，只有加大对农村劳动力职业技能的培训，提高其劳动力素质，才能解决企业技工紧缺的问题。

随着珠三角区内劳动力供求在量与质方面矛盾的尖锐化，需要有一个有效的机制进行疏导，而泛珠三角区域的整合正好为破解区内用工紧缺的难题提供了一条途径。自《泛珠三角区域合作框架协议》启动以来，泛珠地区签署了《泛珠三角九省区劳务合作协议》、《泛珠三角区域九省区人才服务合作协议》、《关于加强泛珠三角区域教育交流合作的框架协议》等一系列协议，着手构建区域人力资源合作的统一平台，对促进劳动力规范有序地合理流动，实现区域内人才智力资源共享将发挥重要作用。

比如，福建沿海一带是内地民营经济最为活跃，个体私营企业最多，用工量最大的地区之一，年吸纳民工百万人以上。据了解，由于福建民工工资待遇相对于周边省份如广东、浙江偏低，导致一些民工不愿赴闽找工作，福州、莆田、泉州等地众多中小型民营企业为招不到工人而一筹莫展。近几年港资不断进入福建，在福建的港资企业已达三万多家，大多为中小型企业，技术工人的缺口较大，不少港企还提高了民工的工资和福利待遇，逐渐增强了该区域对技术工人的吸引力。

江西要实现在中部地区崛起也需要大量技能人才，江西省近年来把人才工作放在突出位置，大力推进“人才强省”战略，并把人才引进工作与招商引资同步展开。江西省政府在北京、上海、深圳等地举办引进人才的推介会和洽谈会；省领导亲自带队赴美国、欧洲等地寻访人才；省政府与北大、清华、浙大等先后签订了科技合作与人才交流的协议。香港是江西最大的外商投资来源地，江西把人才引进工作与招商引资同步展开，为有意到内地发展的香港人才带来了难得的机遇。

湖南是华南地区劳务输出大省，到2004年底，全省外出务工人员829万人，年创劳务收入达到600亿元，相当于湖南省的财政收入。针对沿海一些省市目前出现的“民工荒”，湖南正积极选择沿海发达地区效益好、用工规范的企业，与其签订定向培训的协议，实行对口劳务培训输出。目前，在广东珠三角地区有七万多家港资企业，共聘用了超过1 000万工人，其中不少是来自外省的民工。湖南与沿海发达地区实行对口劳务输出，有助于解决港商在珠三角地区面临的日益严峻的民工问题。

四、泛珠三角技能人才短缺的原因分析

（一）从经济学理论看技能人才市场短缺

技能人才市场，作为劳动力市场的其中一个类型，其运作状况同样受到劳动力市场中的各种因素的影响，其内部运作的机理与劳动力市场都是基本一致的。早在1925年，由美国学者索罗门·布拉姆在其出版的《劳动经济学》一书中提出“劳动经济学”一词至今，劳动经济学一直作为一门独立学科不断发展，至今已拥有一个完善的理论体系了。而其中的劳动力供给与需求理论和劳动力市场理论，适用于解释劳动力市场运作中的各种状况以及问题。

著名经济学家萨缪尔森说过：你甚至可以让鹦鹉成为一位博学的经济学家——它只要懂得供给和需求这两个名词。劳动力供给和需求理论对于劳动经济学的重要性，使得任何不研究劳动力供给和需求的劳动经济学都是不完整的。[①] 影响劳动力供给的因素分为经济因素与非经济因素。经济因素与整体经济状况、市场工资率，经济政策等因素有关，而非经济因素则与国家的教育发展水平、工作制度和社会观念的变化有关。[②]

狭义的劳动力市场指劳动力供求双方双向选择，进行劳动力交换的场所；而广义的劳动力市场则是指以市场机制为基础方式对劳动力资源进行配置和调节经济关系的体系，其内容包括了劳动契约、

---

① 坎贝尔·R. 麦克南. 当代劳动经济学. 刘文译. 人民邮电出版社，2004

② 胡学勤. 劳动经济学. 中国经济出版社，2001

劳动就业、工资分配、社会保障、劳动立法、职业培训等。[①] 劳动力市场作为唯一能动的生产要素市场，与一般的商品市场和要素市场相比，具有非常大的特殊性，在劳动力市场中，劳动者让渡的只是劳动力的使用权，而不是终极所有权。[②] 正由于这一点，在劳动力市场中，劳动者关心的不仅是劳动力的价格，即工资，还会关注劳动力的劳动条件等非经济因素，尤其是在发达国家的劳动力市场上，工资已不再是唯一决定性的因素了。[③] 不过，基于我国劳动力市场仍处于发展阶段，尚有很多不完善的地方，尤其是无法为劳动者提供完善的社会保障制度，因此，工资仍是决定我国劳动力市场供求关系的较为重要的因素之一。最后一点，劳动力市场的活动不仅仅由供求双方的关系来决定，还会受到政府、舆论、工会等社会力量的影响和法规的制约。由此可见，尤其是在目前市场经济还不完全发达的中国，要解决技能人才严重短缺的劳动力失衡问题，政府的力量是至关重要的，假如政府不重视，走出目前困境将举步维艰。

对于劳动力经济的研究，我国是在20世纪20年代开始的，发展到现在，我国劳动经济学体系已初步形成，但在理论基础上，目前还较多地停留在借鉴西方劳动经济学理论的阶段。

而对于目前的技能人才短缺现象，国内学者也展开了广泛讨论。北京科技大学教授赵晓认为，这主要是因为总需求上升过快而工资调整相对滞后导致的。劳动和社会保障部劳动科学研究所研究员张丽宾则认为，这一现象揭示了我国经济运行机制中一些深层次的问题，应高度重视有效劳动力供给不足和经济发达地区的经济发展战略转型问题，以提高资源供给能力和资源使用质量。[④]

目前国外的许多国家都同样受到了技能人才短缺问题的困扰。由于制造业、建筑业和加工工业规模庞大，生物工程、现代农业、电子工业等新兴工业不断发展，对工程技术人员和熟练技术工人的需求量有增无减，需求旺盛与供给不足的矛盾将长期存在。据估计，美

---

① 陆铭．劳动经济学．复旦大学出版社，2003

② 孙月平．劳动经济问题研究．人民出版社，2004

③ 王静．劳动与社会保障统计学．中国劳动社会保障出版社，2005

④ 李琼．国内劳动经济学研究的新进展．人大经济论坛，2006－06－19．http://www.pinggu.org/bbs/Archive_view_54_336102.html

国在1996—2006年与科学和工程技术相关的职位的增长速度是其他职位增长速度的3倍。2003年英国开始借鉴美国和加拿大的“绿卡”制度推行“高技术移民计划”。据报道，2005年上半年一度有60%的新西兰企业面临技术工人短缺问题，创三十年来最高纪录。到2008年仅俄罗斯圣彼得堡技能型劳动力缺口就达到10万人。[①] 各国都在不断加大培养与吸引技能人才的力度，那中国呢？随着中国的入世，各种产业的规模与数量也将不断增大，国内对技能人才的需求也不断地加大，供不应求的市场矛盾将会被激化。

而就中国整体的情况而言，技能人才的供应是明显不足的、紧张的。但从地区层面来说，紧张的程度却是相对的。相对于拥有“技能人才大本营”之称的东北老工业基地和近年来发展势头迅猛的长三角地区，珠三角是目前诸多沿海发达地区技能人才紧缺情况最严重的地区。

20世纪80年代，珠三角乘着改革开放的大势，经济腾飞一日千里，成为中国经济起飞的领跑者。作为改革开放前沿的尖兵，珠三角曾经吸引全国各地大量的人才前来“淘金”，由此引发了中国人才流动史上蔚为壮观的“孔雀东南飞”现象。可是在进入21世纪之后，情况开始改变了，工厂开始埋怨招不到工人，企业开始埋怨招聘不到人才，“孔雀”已经不再东南飞了。如今，中国制造业集中的几大经济区域——珠三角、长三角、环渤海圈、东北老工业基地，其中以珠三角的技能人才短缺最为严重，即使是作为中心城市的广州也是如此。据有关当局统计，2005年广州对技能型人才的需求为153.48万人，其中高级技师和技师、高级工、中级工所占比重为7∶40∶53。中等职业教育在校生20万人，普通高等（含高职）在校生39万人，成人高校在校生21万人。但目前，广州技能型人才约为120.8万人，其中只有高级技师、技师3.98万人，高级工17.17万人，缺口达32万之多，[②] 而且随着经济的发展，需求缺口将会越拉越大。21世纪的竞争，是人才的竞争，要继续保持珠三角的发展势头，使其继续发挥

---

① 邓恩远．国际劳务市场高技能人才需求状况探析．中国高职高专教育网．http://www.tech.net.cn/

② 孙朝方．蓝领短缺问题凸现　广州明年缺技能人才32万．金羊网——《羊城晚报》，2004-10-21

作为火车头的经济带动作用，除了政府现有政策的继续保持与不断创新外，更重要的是如何解决人才短缺的问题。而技能人才的短缺，是其中的重中之重。

目前为止，我国经过了二十多年的改革开放，已经建立起市场经济体制。市场体系逐步完善，其中劳动力市场近年来更是发展快速，市场调节已成为资源配置中的基础手段。而深圳作为中国改革开放的“试验田”，其劳动力市场制度更是日趋完善，相对于国内其他地方具有一定的领先性与可学习性。作为泛珠三角经济最为发达的城市之一，目前深圳这一城市的技能人才市场都已经出现了严重的供不应求的失衡问题。随着经济的不断发展，这些失衡问题在泛珠三角其他地方都会不断地相继出现。

（二）供需理论模型分析

人才短缺问题也是经济问题。以经济学的供需模型为分析工具，通过价格和数量变化判断人才市场的发展趋势是可行的。在供需影响因素中，我们假定价格以外的其他因素不变，可以得到人才需求曲线和供给曲线，如图 2.4 所示。

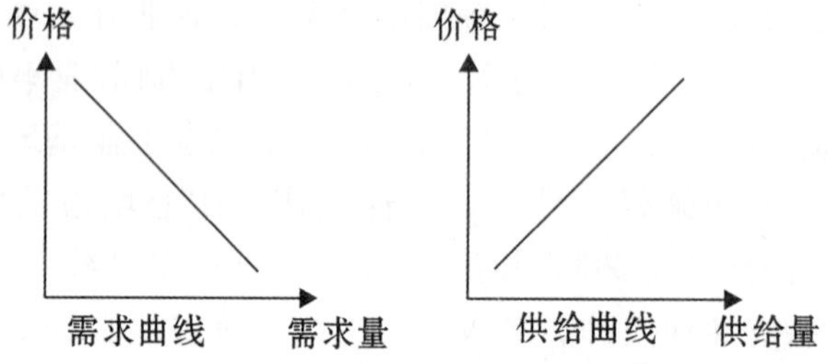

图 2.4　人才需求曲线和供给曲线

根据供给和需求规律，任何商品的供给曲线和需求曲线分别具有正斜率和负斜率。根据“需求向下倾斜规律”，在其他条件不变的情况下，当一种商品价格上升时，人们希望购买该商品的数量减少。因而，需求曲线斜率为负；反之，在其他条件不变的情况下，较大的供给量与较高的价格相对应。人才供需均衡分析人才市场的均衡发生在人才供给与需求达到平衡的价格、数量点上。在该点，企业雇用人才的数量正好等于社会提供的人才数量。如果其他因素不变，人力资本价格和数量将趋于稳定，供给曲线和需求曲线交点与人力资本实际价格和供需量相对应。这一交点表明了人才市场的均衡价格和均衡数量，如图 2. 5 所示。

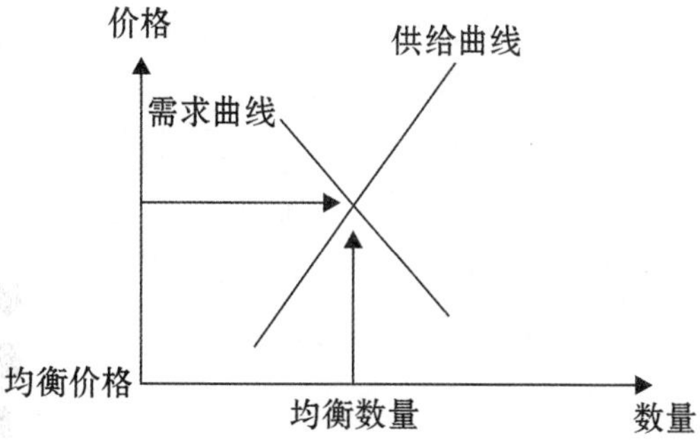

图 2. 5　人才供需曲线及其均衡

这里需要区分两对概念：需求（供给）变化与需求量（供给量）变化。需求（供给）变化指由于价格以外的其他因素变化导致需求/供给曲线平行移动，如图 2. 6（b）所示；需求量（供给量）变化指由于价格变化导致需求、供给量分别沿需求、供给曲线滑动，如图 2. 6（a）所示。比如，当我们说人才供给增长时，是指供给曲线沿水平方向平行移动，而不是供给量增加。

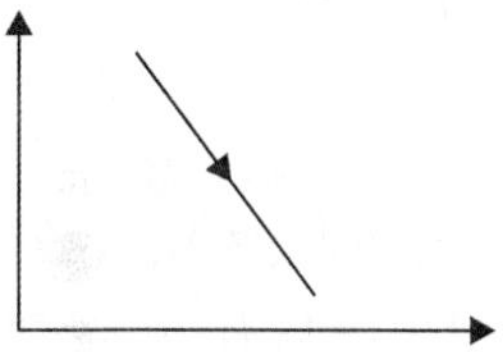

图 2. 6（a）　需求量（供给量）变化

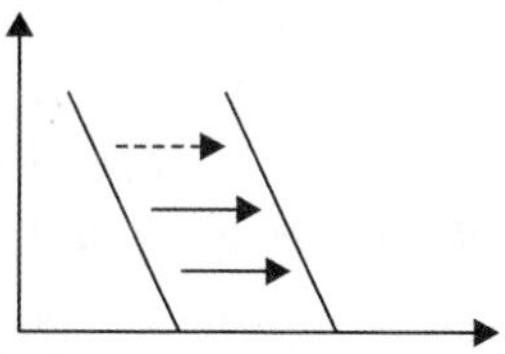

图 2. 6（b）　需求（供给）变化

运用劳动力经济学中的劳动力供需模型，我们可以将目前技能人才市场的本质状况描述出来。在前一部分提到过，制造业是目前对技能人才需求最大的行业，而制造业在我国的高速发展决定了对技能型人才需求的剧增。企业为吸引高端人才不惜重金。这种现象即人才需求曲线向右上方平行移动，如图 2. 7 所示。因为人才价格以外的其他因素发生了变化：这意味着在每一个薪金水平上，企业都愿意吸引更多的技能型人才。与此同时，社会对技能型人才供给也在不断增加，以致供给曲线也向右上方平行移动。这是由于人才价格之外其他因素发生了变动，而引起供给量发生变动。而人才培养需要投入大量时间、财力和物力，难度大，周期长。虽然制造业愿意支付高薪聘请技能人才，但社会一时无法满足需求，这又呈现出短期供给缺乏弹性的现象。随着时间的推移，社会可提供更多技能型人才，供给弹性也会变得比较大。这时我们得到了新均衡点。与初始均衡点相比，新均衡点带来的总体收益（总体收益 = 均衡点与横轴和纵轴围成矩形的面积）明显大于初始均衡点，这也意味着新兴产业整体经济收益增加。

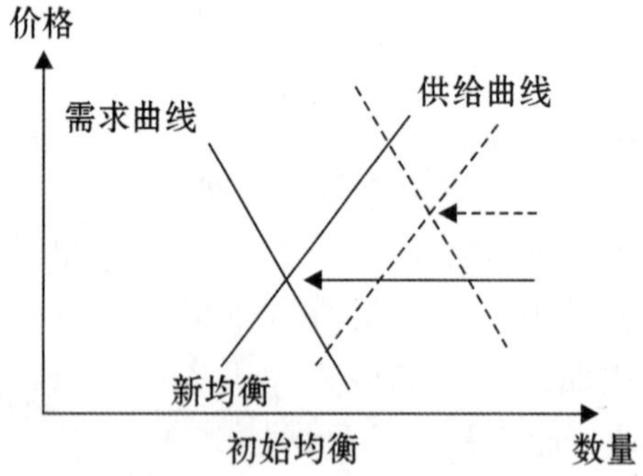

图 2.7　人才供需动态变化曲线及均衡

综上所述，我国对技能型人才供需指标应在新均衡点下方。在此区域内，相同价格的供给曲线上任何一点的人才供给数量都小于需求曲线上人才的需求数量。由此分析得出，只有逐步增加人才供给量，使人才需求量和供给量达到新均衡点，才能有效消除人才短缺对各个产业发展的障碍。

（三）技能人才短缺与结构不合理的深层次原因分析

造成目前的技能人才短缺与结构不合理问题的原因是诸多的，有经济原因、社会原因，甚至是体制原因，只有将各方面的原因分析出来，才能针对目前的困局采取措施。而目前就深圳地区的情况而言，造成目前技能人才短缺问题的原因与全国其他受此问题困扰的地方相比，深圳既与其他地方拥有共通性，也拥有其特殊性。原因在于在中国这个大环境之下，全国各地的劳动力市场都基本上遵照了劳动力市场理论的机理在运行，大家都受着同样的市场因素影响。然而，由于各地市场化的不同，各地市场受不同因素的影响程度也是不同的，因此造就了各自的差异性。但是总的来说，影响劳动力供求关系的原因可归为两类：经济原因与非经济原因。

以上数据表明，技能人才的严重短缺是结构性的问题，其原因既有观念上的问题，也有教育体制的问题，更有培训机制不完善的问题。

1. 客观原因——产业结构升级和经济的发展

我国正在进入工业化中期阶段，一方面经济高速发展、产业结构调整和产业升级；另一方面国际制造业向中国转移，科技进步加速产业分工，为此急需一大批适应新要求的新型技能人才来支援。而此时泛珠三角的人力资源结构重复着其他工业化国家一样的发展轨迹，技能人才结构出现两个极端，一端大一端小、中间不足的情况。再加上有效供给不足，这必然进一步增加对高技能人才的需求，造成我国劳动力结构中中间层以上的高技能人才短缺。

2. 直接原因——价值评价观念的错位

中国历史上就有轻视“工匠”、“唯有读书高”的传统，所以有“重知识，轻技能”的结果。近些年来，我们的社会对人才的价值评价有着一种“重学历，轻能力”、“重知识，轻技能”的倾向，把学历和身份作为人才的唯一衡量标准，形成了技术工人不是人才的社会刻板印象，影响了高技能人才群体的形成和发展。这使得许多技能型人才得不到他们应得的社会地位、社会尊重和相应的价值回报。技能人才成长的激励机制和使用机制缺乏影响了高技能人才的成长。另外，改革“成本”的负效应致使大批技工“下岗”，给人以技工无用的假象，强调了知识分子的地位，使人产生工人地位下降的错觉。由于技术工人社会地位、经济地位偏低，降低了技能人才群体的凝聚力，进而造成该类人才的流失和后继乏人。从经济学的视角来看，任何投入都是要追求回报的，如果回报太低，自然没有人愿意干。

3. 内在原因——技能人才的培养和评价体系缺乏

教育发展不平衡，造成供给不足。在普通教育上，特别是高等教育发展迅猛，而与培养技术工人相关联的职业教育发展则相对缓慢。过分强调学历教育和对专业性职业教育投入资本的不足是导致中国技能工人水平低、后备资源不足的主要原因。另外，企业对职工培训重视不够、投入不足，只使用不培养。技能人才培养体系、评价体系和激励体系不完善，同时在社会利益分配上很少关注工人群体，从而致使技能人才技能水平偏低。究其原因，一是长期以来我国企业传统粗放式经营和管理方式没有改变，质量意识不强，不重视提高企业职工的素质；二是现代企业制度建立滞后，部分企业负责人忽视职工队伍的长远建设。

4. 深层原因——体制制约和市场的不完善

传统的劳动人事管理制度是一套“轻职业、重级别”的人事管理制度，其核心是把工人和干部（包括科技人员）从管理制度上严格地割裂开，分别管理。在这一管理体制的框架内，通常是把干部视为人才，工人只是普通劳动者；而在这同一管理体制框架内，又把绝大多数高技能人才（如高级技术工人、技师等）都归入到工人系列，如企业中技师称工人技师，有别于技术干部队伍中的技术员和工程师。因此，他们就难以被视为人才。尽管这一管理体制目前正处于改革当中，但其影响仍然很大很深，在短期内无法消除。

第三章　泛珠三角区域技能人才资源分布特征分析

由于不同地区的地理位置、历史发展、经济状况、人文素养等方面的差异性，造成各地的人力资源整体有着不同的特色、优势与劣势，而某些优势是其他地区所不具备的，却没有得到充分的发挥；相反，某些劣势也得不到很好的弥补，不利于人才的合理配置与有效利用。因此，必须对各省区的人力资源状况进行整体盘点分析，形成较为清晰的区域人才轮廓，以便进一步研究其内在特点。

一、泛珠三角区域技能人才资源总体分布状况

（一）技能人才总量分布及其密度

技能人才在各省的总量分布，不仅可以反映出一个地区的人口素质和文化教育水平，也是综合反映一个地区生产力发展水平的重要指标。一般来说，技能人才分布密度越大，生产力水平就越高。

表 3.1　各省技能人才总量分布及其密度分布情况①

省份	技能人才总量（万人）	女性比重（%）	人口总量（万人）	技能人才密度（人/万人口）	密度排序
广东	312.52	37	9 189	340	1
福建	116.9	34.2	3 511	333	2
海南	20.48	33.7	828	247	5
湖南	169.76	33.1	6 164	275	3
江西	104.72	31.5	4 217	248	4

① 宋健. 泛珠三角人口流动对区域劳动力市场影响的研究. 特区经济，2005（10）：84～85

(续上表)

省份	技能人才总量（万人）	女性比重（%）	人口总量（万人）	技能人才密度（人/万人口）	密度排序
四川	215.63	—	8 750	246	6
贵州	73.54	33.77	3 907	188	9
广西	116.52	37.37	4 850	240	7
云南	103.9	36.9	4 415	235	8
合计	1 233.97	35.19	45 831	269	—

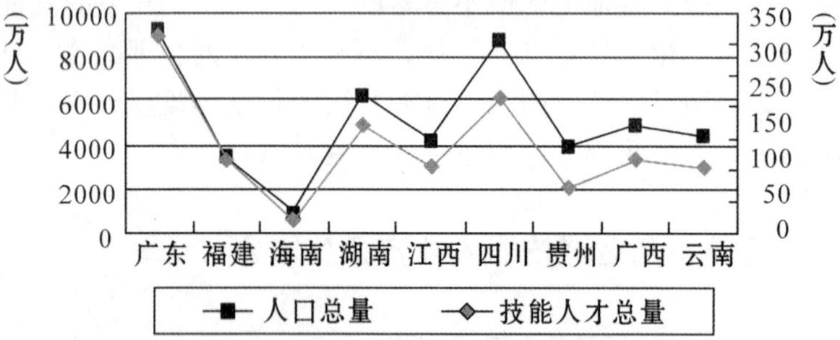

图 3.1 各省人口与技能人才总量分布情况

统计分析表明（见图 3.1），技能人才的绝对量与人口的绝对量呈正相关，人口多的大省，技能人才资源也较雄厚。例如，泛珠三角中人口最多的广东省，其技能人才资源总量也居首位，而人口最少的海南，其技能人才资源总量也最少，两省区在技能人才总量上相差 15 倍（人口相差 11 倍）。

从技能人才资源地区总量分布情况来看（见表 3.1、图 3.1），东部三省（粤、闽、琼）约集中了技能人才资源总量的 36.46%；中部省区（湘、赣）的技能人才资源约占总量的 22.24%，西部四省区（桂、滇、黔、蜀）技能人才资源占总量的 41.30%，其中四川集中了西部四省 42.31% 的技能人才资源。从性别来看，各省区女性技能人才所占比例不到 40%，平均为 35.19%（不含四川女性数量比重）。

从地区技能人才资源分布密度来看（图 3.2），广东、福建每万人口中拥有的技能人才资源高于其他省区，其中广东最高，每万人口中技能人才为340人。在泛珠九省区中，技能人才资源分布密度标准差为46人/万人口，变异系数为0.17，表明分布大体是有区别的。但从各省技能人才女性占有比例来看，各省女性比重不超过40%，在30%到40%之间。

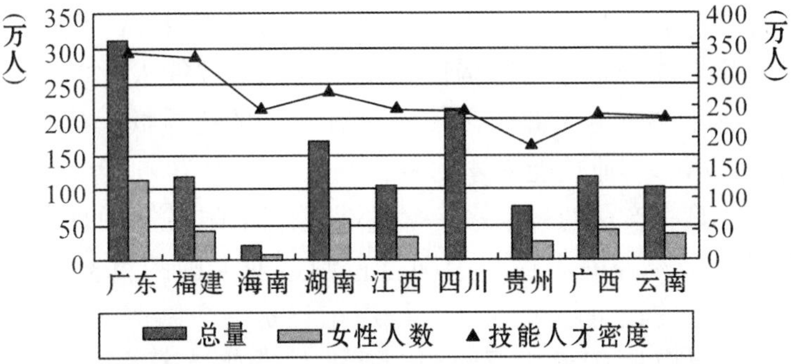

图3.2　技能人才总量分布及技能人才密度分布情况

从密度排序的情况来看（见表3.1、图3.2），与泛珠各省区经济发展水平基本相符，大体可分为三组：第一组属经济高度发展的两个沿海省，技能人才密度最高，分别为340人/万人口、333人/万人口；第二组属中等发展水平的海南、湖南、江西、四川，是密度次高的省区，排序为第三至第六位；第三组属经济发展水平较低的广西、云南、贵州，密度一般（每万人口中技能人才介于180～240人），排序为第七至第九位；其中贵州技能人才资源分布密度不足200人，只有188人/万人口，处于泛珠技能人才密度最低水平。

（二）技能人才三大产业分布情况①

泛珠三角区域主要是以外向型的高新技术制造业和劳动密集型的加工业为主导。了解技能人才在三大产业中的分布，可以调整技能

① 三次产业的划分：第一产业是指农、林、牧、渔业。第二产业是指采矿业，制造业，电力、燃气及水的生产和供应业，建筑业。第三产业是指除第一、二产业以外的其他行业，具体包括交通运输、仓储和邮政业，信息传输、计算机服务和软件业，批发和零售业，住宿和餐饮业，金融业，房地产业，租赁和商务服务业，科学研究、技术服务和地质勘察业，水利、环境和公共设施管理业，居民服务和其他服务业，教育，卫生、社会保障和社会福利业，文化、体育和娱乐业，公共管理和社会组织，国际组织。本书数据不包括国际组织。

人才在三大产业中的结构，以适应区域内产业升级、工业化进程的需要。实现经济起飞，缩小与发达地区的差距关键在工业，推进工业化仍是带动经济增长的主导。做大做强优势支柱产业，改造提升传统产业，打造知名品牌，优化工业布局，必须依靠科技进步和强有力的技能人才支撑。

从各省技能人才在三大产业中的分布情况来看（见表3.2、图3.3），技能人才分布存在结构性失衡的问题。技能人才中70%集中在第三产业非物质生产部门，其中只有广东的比重低于70%。值得注意的是，第一产业技能人才比重特别低，约为7%，也就是说，从整体上看，第一产业的技术水平含量不高，而第二产业的技能人才平均比重仅为17%左右。这与中国打造制造业大国的目标极为不符，其中只有广东的比重超过30%，与广东省是一个制造业大省有很大的相关性，可以从GDP中反映出制造业是带动经济增长的一个重要因素。技能人才在第二产业中的分布反映出泛珠三角区域制造业引才聚才载体综合竞争力不强，成为区域产业升级和合理结构主要的制约因素。制造业是我国极为重要的经济支撑和提高综合国力的有效途径，因此，调整加大第二产业技能人才的数量将成为推动我国经济持续快速增长的动力。

表3.2　各省技能人才三大产业中的比重

省份	GDP（亿元）	技能人才第一产业比重（%）	技能人才第二产业比重（%）	技能人才第三产业比重（%）
广东	21 701.3	7	30.78	62.22
福建	6 560.1	6.04	17.18	76.78
海南	903.6	9.4	14.2	76.4
湖南	6 500	6.25	13.5	80.25
贵州	4 070	4.5	12.5	83
广西	7 385.1	14	16	70
云南	1 910	7.1	14	78.9
江西	4 063.3	—	—	—
四川	3 475	—	—	—

资料来源：各省社会劳动保障网及统计信息网和各省的“十一五”人才发展规划。

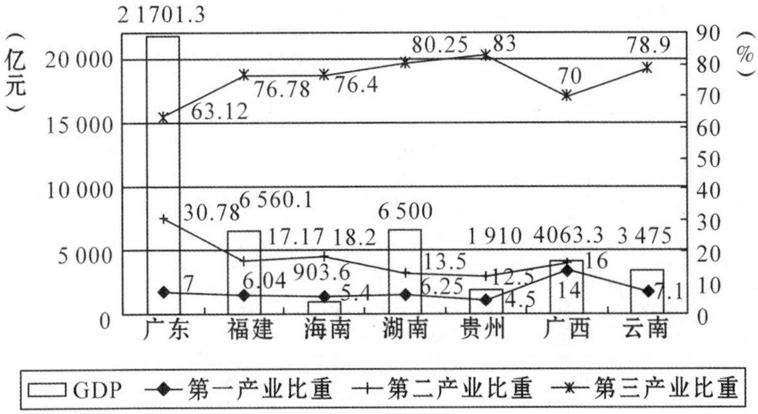

图 3.3　泛珠三角技能人才三大产业分布情况

（三）技能人才职称及技术等级分布状况

“十一五”期间，我国的经济发展和就业形势都对提高劳动者素质提出了新的要求。经济发展、产业优化升级、企业提高竞争力，都迫切需要提高技能劳动者特别是高技能人才的整体素质。

从技能职称分布情况来看（见表3.3、图3.4），泛珠三角技能结构极为不合理，表现为初级技能人才比重较大，高级技能人才比重偏低。从各省区技能人才分布来看，初级技能人才所占比重在50%～65%，其中贵州初级技能人才比重为65%，与“十一五”期末目标30%相差甚远。中级技能人才所占比重约为35.24%，接近“十一五”期末目标，其中只有湖南的中级技能人才指标超过40%，为40.2%。高级技能人才九省区当中没一个超过10%，这说明高技能人才存量不足，高层次技能人才比例偏低，也就是说，整个区域技能人才自主创新能力较弱，拥有自主知识产权和关键核心技术的技能人才奇缺。这种状况不能适应我国科技进步和建设制造业强国的要求。

表 3.3 技能人才职称人数分布情况

单位：万人

省份	总量	初级技能人才	中级技能人才	高级技能人才
广东	312.51	178.14	107.94	26.43
福建	116.9	69.46	38.29	9.15
海南	20.48	12.18	6.72	1.58
湖南	169.76	87.7	68.25	13.81
江西	104.72	58.67	36.99	9.06
四川	215.63	120.09	78.04	17.5
贵州	73.54	48.09	20.93	4.52
广西	116.52	66.99	42.33	7.2
云南	103.9	61.25	35.38	7.27
合计	1 233.96	702.57	434.87	96.52

资料来源：《泛珠9省第一次经济普查主要数据公报（第一号）》、各省社会劳动保障厅网及统计信息网。

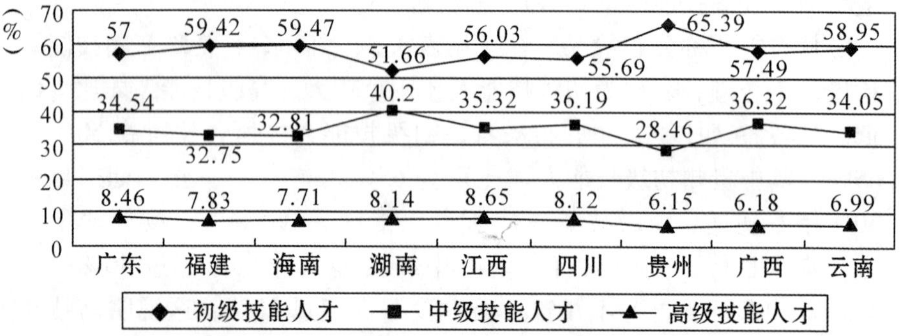

图 3.4 技能人才职称比重分布图

随着经济全球化的深入发展，发达工业化国家劳动和资源密集型制造业全速向发展中国家转移。当前，泛珠三角区域技能劳动者占从业人员总量的比重较低，与发达国家技能劳动者占从业人员总量的比重在50%以上的情况相比，有很大差距。技能劳动者结构不合理、供给不足、创新能力不强，特别是高技能人才比例偏低，与发达国家高级技能劳动者比例一般为35%的情况相比，更存在较大差距。

这种情况不利于区域产业对国外先进技术的引进、消化、吸收、创新，甚至严重影响各企业对高新技术附加值产品的生产和劳动生产率的提高。根据中央《关于进一步加强高技能人才工作的意见》的要求，到2010年，我国高技能人才数量要占到技能劳动者的25%以上，并带动中、初级技能劳动者队伍的梯次发展。力争到2020年，使我国高、中、初级技能劳动者的比例达到中等发达国家水平，形成与经济社会和谐发展的格局。

从统计的信息来看（见表3.4、图3.5、图3.6），泛珠三角区域技术工人特别是高级技术工人存在着短缺和断层的问题。其中，中级工占了中级以上技术等级的一半，但是高级技师平均只有3.14%，广东所占比例最高，为5%左右，这表明目前泛珠三角技能人才整体素质偏低，基本上不能满足产业结构调整对技能人才的需求。与区域内经济社会发展的实际需求相比，许多地区和行业都存在着技能劳动者特别是高技能人才供不应求甚至严重短缺的现象，与我国制造业的发展目标之间出现严重失衡，已成为制约企业持续发展和阻碍产业升级的“瓶颈”。这也足以说明面临经济转型升级任务的泛珠三角地区，以高级技工为代表的劳动者素质的提高已经成为迫在眉睫的任务。

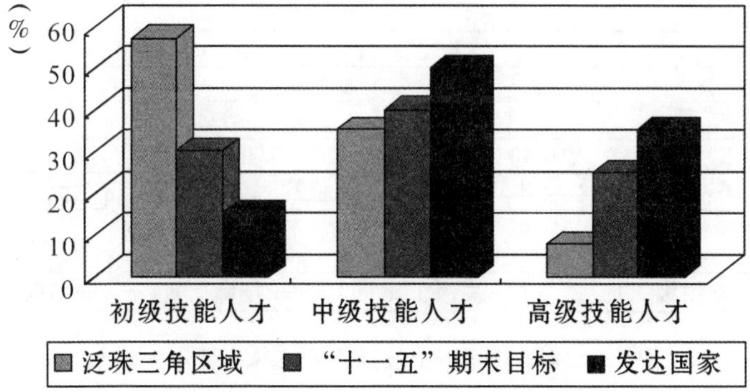

图3.5　泛珠三角“十一五”期末目标和发达国家
初级、中级、高级技能人才比例图

表 3.4 各省中级以上技能人才技术等级分布情况

单位：万人

省份	技术等级人员	中级工	高级工	技师	高级技师
广东	122	68.8	32.06	15	6.14
福建	38.57	22.35	11.45	3.54	1.23
海南	5.75	3.09	1.82	0.6	0.24
湖南	86.71	50.52	26.98	7.15	2.06
江西	54.8	29.62	19	4.99	1.19
四川	116.16	66.39	37.7	8.64	3.43
贵州	23.99	13.16	8.36	1.89	0.58
广西	38.26	23.16	11.99	2.32	0.79
云南	41.17	22.66	15.07	2.67	0.77
合计	527.41	299.75	164.43	46.8	16.43

资料来源：各省社会劳动保障厅网及统计信息网。

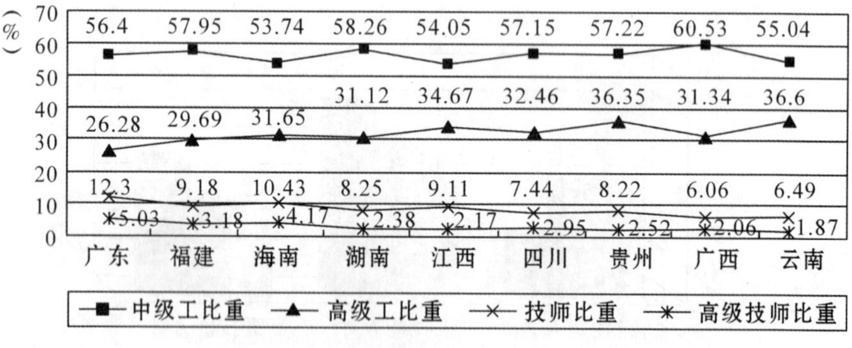

图 3.6 各省中级以上技能人才技术等级分布情况

从人才强国战略和打造制造业大国的目标来看，高技能人才短缺、失衡不利于构建结构合理的人才队伍，不利于社会的协调与和谐发展。但是，从另一方面讲，高技能人才短缺、失衡引起了社会关注，它为政府调整政策提供了信息，也为社会敲响了警钟，有利于推动社会各界共同关注高技能人才队伍建设。

（四）泛珠三角区域技能人才各区域优劣势比较

自20世纪80年代以来，泛珠三角区域的高等职业技术教育取得了长足的进步。就高职高专院校的数量而言，2003年，福建25所，江西37所，湖南51所，广东46所，广西31所，海南7所，四川35所，贵州24所，云南18所，共274所。总量不可谓不多，但规模偏小，布局分散，水平偏低，发展不平衡，文科专业多，工科专业少。①

从总体来说，泛珠三角区域内技能人才整体劣势在于：一是技能技术人才总量极为短缺，远远不能适应各省经济发展的需要；二是技能人才队伍的文化层次参差不齐，受教育的程度整体水平偏低；三是技能人才队伍的结构不尽合理，主要表现在：初、中、高级技工比例结构不合理，年龄结构不合理，在产业结构中的分布不合理；四是高技能人才队伍从整体上看，创新能力薄弱，他们的潜能还没有得到充分发挥。

从经济发展状况的角度来看，广东和福建属于高速发展区，其技能人才区位优势在于在由传统产业向现代制造业转型的过程中取得了先发优势；人才配置的市场化程度较高，技能人才管理体制创新；改革开放前沿，比邻港澳台，技能人才的整体技术水平领先；技工学校、各种培训机构的建设相当成熟，技能人才培养体系较完善。这些也正是其他省区的劣势，但其他省区在劳动力资源方面比较丰富，而且技能人才对环境要求不高，不受传统观念的影响。广东由于是外向型经济，使得技能人才本土化程度低，技能人才常从其他省区引进。据资料统计，湖南在外省的人才有90%集中在珠三角，而且不少人是企业骨干，他们成为湖南与珠三角联系的重要桥梁。因此，加强泛珠三角九省区之间的劳务合作，特别是技能人才培养、交流等方面的合作有利于发挥各自的技能人才区位优势。各经济发展区技能人才区位优劣势详见表3.5。

① 作者调研数据统计分析。

表 3.5 各经济发展区技能人才区位优劣势

经济发展状况	省份	技能人才区位优势	技能人才区位劣势
高速发展区	广东 福建	1. 在由传统产业向现代制造业转型过程中取得了先发优势 2. 人才配置的市场化程度较高，技能人才管理体制创新 3. 改革开放前沿，高新技术的技能人才整体水平领先 4. 技工学校、各种培训机构的建设成熟，技能人才培养体系较完善	1. 外向型经济使得技能人才本土化程度低，技能人才常从其他省区引进 2. 制造业企业为主的经济结构，使得大量外地中低端技能人才涌入，技能人才整体素质不高 3. 高技能人才短缺最多，难以适应经济发展和产业升级的需要
中等发展区	海南 湖南 江西 四川	1. 技能人才劳动资源丰富，劳动经济发展潜力大 2. 技能人才的输出地，技能人才的档次逐步提高 3. 承接广东转移的部分科技产业，带去了大批质量高的技能人才，带动了产业的发展	1. 高技能人才短缺，培训体系相对落后 2. 科研培养技能人才力量相对薄弱，技能人才整体创新水平不高 3. 培训基地相当少，技工学校、各种培训机构的建设不成熟 4. 技能人才总量不足，且在吸引、使用技能人才方面做得不足，流失严重
低等发展区	广西 云南 贵州	1. 技能人才劳动资源丰富，且技能人才年龄结构较年轻 2. 接近东盟市场，有利于培养国际技能人才 3. 技能人才的回流，带回比较先进的技术，整体技能水平不断提高	1. 制造业水平处于三个区最低水平，高新技术含量低 2. 技能人才教育发展不足，教育投入最低 3. 对劳务经济投入不够，技能人才培训建设缺乏经验 4. 技能人才劳动效率低，利用率不高 5. 技能人才就业不足，大量闲置、浪费

二、泛珠三角区域技能人才分布失衡的原因分析

区域技能人才结构分布失衡，是人才资源与社会其他资源按照市场发展要求进行配置后所形成的结果。其影响因素主要有以下几个方面：

（一）市场配置作用受限

技能人才短缺、结构分布失衡与近年来经济社会的整体发展速度不相符，很大程度上是由于市场配置技能人才资源的基础性作用发挥不够。行政驱动替代了市场需求是导致技能人才结构和分布失衡的重要原因。目前，很多地方人才中介机构的性质是行政附属机构，大都采取行政管理方式，因而政府干预市场行为的情况经常发生，使得人才市场难以实现自主运作。彭剑锋教授认为，各地人才工作目标不是来自市场驱动，而是来自官员的政绩要求，好多是头脑一热的产物。其次，市场运作不规范，市场供需主体难到位使得市场配置作用不大。随着人力资源市场的发展，各种新生的人才中介服务不断出现，而与此不适应的是相配套的法律法规的滞后。另外，人才市场技能人才“供”、“需”两个主体不成熟、不到位，导致市场配置效率不高，从而进一步导致技能人才的分布不均衡。

（二）政策和体制环境制约

政策是引导技能人才流动、优化技能人才结构和分布的重要指针。泛珠三角一些地区的技能人才政策还存在不够合理的地方，或在执行过程中出现了一些偏差和失误，导致技能人才留不住、引不进、用不好。据国家对广东、福建等省的各大城市调查显示，一半以上的企业用于技术工人培训的费用不到职工教育经费的20%。其中，职工教育经费用于技术工人培训的比例在20%以下的企业占58.5%，比例在20%～50%的企业占26.9%，比例在50%以上的企业占14.6%。[①]

体制因素是影响技能人才分布的重要因素，主要包括经济布局、

① 劳动保障部关于技术工人短缺的调研报告：高技能人才严重短缺. 中国国力报告. http://www.fsa.gov.cn/web_db/sdzg2005/map/CGL/glbg-082.htm

产业结构、人事分配制度、户籍管理、工资制度、福利制度、保障制度等。一方面，因为体制因素的不均衡、不科学，导致了泛珠三角地区技能人才配置的不合理。另一方面，技能人才区域内流动、分布的渠道不畅通，如户籍制度、档案制度等把技能人才限制在本地区和本部门，使技能人才难以实现合理流动，从而导致分布上的不均衡。

（三）经济环境因素

泛珠三角区域按地域可以划分为三个经济地带：东部沿海经济地带（粤、闽、琼）、中部经济地带（湘、赣）、西部经济地带（桂、滇、黔、蜀）。东部沿海经济地带的经济发展情况一直保持着良好的增长势头，GDP 的年平均增长速度都高于全国水平，强有力地吸引着技能人才的流入，从而导致其他地区技能人才结构和分布更加不合理。另外，由于地理环境的差异性以及区域投资政策等因素的影响，技能人才培养条件的改善和施展才能的空间受到制约，地区经济发展与人才分布特别是技能人才分布不均衡。

（四）个体因素

个体因素是影响技能人才流动、分布的内在因素。个体因素是复杂多变的，但有一个共同倾向，就是实现自身价值，最大限度地满足自己的需要。由于技能人才管理和技能人才本身存在着某些主客观因素，相当一部分技能人才的个人潜力未得到充分的挖掘和发挥。争取发挥个人潜能、实现自我价值成为影响技能人才动态分布的重要原因。据云南省对技能人才的调查显示，能较大发挥能力的工作单位是外资企业，为 61.54%，较小发挥能力的工作单位是事业单位和国有企业，分别为 40.71%、44.18%。此外，由于生活条件和待遇得不到有效改善，必将挫伤技能人才的积极性，促使其向生活条件和待遇好的地区或单位流动，从而导致技能人才分布的不平均。

三、泛珠三角区域技能人才整合的必要性和可行性分析

（一）泛珠三角区域经济的互补性和梯度性

泛珠三角区域经济发展水平不平衡，呈现梯度状，广东、福建为高速发展区，属于第一层次；海南、湖南、江西、四川为中等发展

区，属于第二层次；广西、云南、贵州为低发展区，属于第三层次。泛珠各地区之间的经济发展存在很强的互补性和梯度性。

广东和福建属于泛珠三角区域经济比较发达的地区，工业化水平较高，拥有市场、技术、管理等优势，但是资源缺乏对经济发展的约束日益明显；高速的工业化和经济发展需要从内地其他省份输入大量劳动力。其他省区则在农业、矿业、能源、旅游资源等产业具有很强的优势，且劳动力资源丰富，市场发展潜力大，可以为广东经济发展提供广阔的经济腹地。但是，这些省份也存在着工业化和经济发展水平不高等问题。经济发展水平和产业的这种梯次发展的特点，有利于各省区发挥各自的比较优势，推进区域合作与发展，建立合理的区域经济和产业分工体系。

从以上的分析我们可以看到，泛珠三角各省区之间在资源条件上存在明显的差异，互补性很强，为经济的合作奠定了良好的基础。倘若发挥好广东和福建的制造业优势和泛珠三角其他省区的资源、劳动力、市场优势，泛珠区域定能够共同打造出全球性的制造业基地。同时，泛珠三角区域经济的互补性和梯度性就为泛珠区域的技能人才整合提出了客观要求。

（二）技能人才整合的必要性

1. 合作区域内技能人才结构不合理，必须进行整合

由表3.6中可以看到，泛珠三角区域各省份技能人才总量不足，高技能人才比例过低，技能人才结构不合理。

表3.6　2007年技能人才职称分布情况

单位：%

省份	技能人才比例	初级技能人才比例	中级技能人才比例	高级技能人才比例
广东	25.3	25.4	24.8	27.4
福建	9.5	9.9	8.8	9.5
海南	1.7	1.7	1.5	1.6
湖南	13.8	12.5	15.7	14.3

（续上表）

省份	技能人才比例	初级技能人才比例	中级技能人才比例	高级技能人才比例
江西	8.5	8.4	8.6	9.4
四川	17.4	17.1	17.9	18.1
贵州	6.0	6.8	4.9	4.7
广西	9.4	9.5	9.7	7.5
云南	8.4	8.7	8.1	7.5
合计	100.0	100.0	100.0	100.0

资料来源：各省社会劳动保障厅网及统计信息网。

以广州为例，据2008年统计，广州市目前技能人才总量为145万，其中高技能人才为26.97万人，占技能人才总量的18%，与发达国家30%的比例差距较大。而高技能人才有一半以上分布在传统企业，而新兴现代工业、现代服务业和产业领域的高技能人才出现严重短缺。从总体上看，广州高技能人才存在技能断层的问题，青年技工操作能力和经验不足，老一代技术工人的技能老化，高技能人才队伍老龄化问题凸显。①

泛珠三角技能人才存在以下特点：初级技能人才多，中高级技能人才少；传统技能人才多，现代技能人才少；老龄技能人才多，青壮技能人才少；单一技能人才多，复合技能人才少。传统工种多，由厨工、电工、电脑录入、传统焊工、汽车司机、司炉工等工种组成的初级技工多，而数控车工、数控铣工、加工中心操作工、车工、钳工、维修电工、汽车维修工、焊工等工种覆盖面广，通用性强的高技能人才少，计算机、信息网络、光机电一体化等新生产业高技能人才严重匮乏。产业分布不合理，特别在制造业、加工等传统产业，电子信息、航空航天等高技术产业、现代服务业等领域，高技能人才严重短缺，成为制约转变经济发展方式和阻碍产业升级的瓶颈。大中城市省

① 广州积极探索创新高技能人才评价模式应对四大难题. 中国社会保障网，2007-11-23. http://www.cnss.cn/xwzx/jdxw/200711/t20071123_167090.html

级大型企业和重点行业高技能人才多，约占总数的70%以上，市州地的中小型企业分布极少，同时还存在专业不对口和知识老化等问题。

高级技能人才匮乏，结构不合理，不能满足市场的需求。近几年来，屡屡看到企业为招不到技能人才而发愁的新闻。这些不良情况成为制约泛珠三角区域经济发展的瓶颈，也直接影响到泛珠三角在长三角、环渤海地区等经济圈之间的竞争优势的发挥。这使得技能人才整合成为必然的趋势。

2. 构筑各区核心竞争力需要技能人才的开发和整合

泛珠区域经济发展水平存在着梯度性差异。第一阶梯是处于超高速发展的香港和澳门，两地是国际性的经、贸、商、旅中心，法制体系完善，服务业与咨询业发达，拥有充足的国际资本，但是发展空间有限，需要开拓经济腹地；第二阶梯是处于高速发展的广东、福建，这个区属于泛珠区域经济比较发达的地区，工业化水平较高，拥有市场、管理、技术等优势，但资源缺乏，高速的工业化和经济发展需从其他省份输入大量劳动力；第三阶梯是处于中等发展的海南、湖南、江西、四川；第四阶梯是处于低速发展的广西、云南、贵州。后两个阶梯的地区，虽然工业化和经济发展水平不高，但在农业、矿业、能源、旅游资源等方面具有较强的优势，劳动力资源丰富，市场发展潜力大。

当前，泛珠三角区域内各省市正根据各自的实际情况和相对优势构筑优势产业，努力形成各自的核心竞争力，构筑泛珠三角区域内统一布局和建设跨区大型基础设施和公用设施，协调规划产业发展，这就需要大量技能人才，特别是高级技能人才。克服原来各省区存在的行政分割、低层次竞争等种种弊端，促进人才的自由流通，摆脱各区的技能人才荒，构筑统一布局。区域内不同的城市定位和功能决定了对技能人才需求的差异，实行技能人才整合开发一体化可以最大限度地满足各个省市的不同需求，发挥技能人才吸引和使用方面的整体优势，以实现泛珠三角区域内各个省市共赢的局面。

（三）技能人才整合的可行性

1. 优越的地理优势，有利于差异化互补

泛珠三角区域国土面积占全国的五分之一，人口占全国的三分之一，自然资源丰富，经济基础雄厚，人才富集，在中国经济和社会发展中具有举足轻重的地位。泛珠三角是典型的东、中、西三大板块的有机融合。除了香港和澳门两个特别行政区外，内地九个行政省区中，“东”有广东、福建和海南三个行政区，“中”有湖南和江西两个行政区，“西”有云南、贵州、四川和和广西四个行政区。由东、中、西三大板块构成一个大区域。几大板块在制度、发展水平、产业结构、人文历史和资源禀赋条件上存在差异性，正是这样的差异性使得区域合作具有很强的互补性和内在动力，有利于克服区域经济发展中的相互排斥和恶性竞争。同时，“港澳带动效应”和以广西和云南为窗口的“南扩效应”，为铸造泛珠三角区域合作平台提供了一个比较有利的外部条件。

2. 优越的经济优势，成为强大后盾

在2004年泛珠三角区域内的九个省区，国内生产总值56 546.96亿元，占全国的41.4%；地方财政收入8 139.36亿元，占全国的30.8%；进出口商品总额5 142.93亿美元，占全国的54.5%；实际利用外资211.52亿美元，占全国的34.9%；社会消费零售总额20 212.07亿元，占全国的32.9%；香港和澳门的GDP分别是14 236.69亿元和931.47亿元。① 由以上经济数据分析可知，泛珠三角区域的市场潜力、经济实力、资源禀赋、影响力和竞争力都是国内任何区域都无法比拟的。泛珠三角区域经济互补性强，合作潜力巨大，发展前景广阔；具有区位优势，是中国与东盟建立自由贸易区的连接点，是中国经济走向世界的南大门和重要桥梁。因此，泛珠三角区域合作得到了中央政府的大力支持。

3. 市场的迫切需要，使实现整合成为可能

随着中国加入世贸组织过渡期的结束，全国统一市场加快形成，为区域合作提供了良好的条件。中国与东盟自由贸易区建设的加快推进，为区域合作带来巨大商机，加强区域内全方位合作是必然的、共同的选择。在泛珠三角区域合作框架下，广交会、昆交会、厦门投洽会、深圳高交会等国际性和区域性展洽盛会，成为各方携手开拓国

① 泛珠区域内地9省区外贸进出口情况分析报告. 泛珠三角合作信息网，2005-12-26. http://www.pprd.org.cn/haiguan/200512/t20051226_4362.htm

际国内市场的重要窗口。近年来，泛珠三角区域内，企业对中高级技能人才的需求快速升温，市场对区域内建立一个统一的技能人才交流合作体系的需求也日渐迫切，对技能人才资源整合与整合平台的构筑十分渴望。各地人才市场的基础配套、人才市场信息系统的不断完善、人才市场化进程的加快等都为构建区域内技能人才资源整合的交流合作平台提供了扎实的基础，使实现优化整合成为可能。

4. 政府支持，推动整合步伐

国家发改委在编制国民经济第十一个五年规划工作中，将区域规划放在突出重要的位置，明确了区域经济发展的战略、空间布局以及结构调整的重点和方向。国家将重点支援泛珠三角区域合作。随着泛珠三角区域合作的展开，对区域内人才进行开发和整合变得十分迫切。政府认识到单靠市场来分配协调技能人才资源是不行的，市场的反馈和调节具有滞后性，因此，整合人才资源这一举措得到了政府的大力支持。合作区域内各地政府已经出台了《泛珠三角9省区人才服务合作协议》、《泛珠三角区域知识产权合作协议》等支持性协议，同时还主办“泛珠三角区域合作与发展论坛”和“人才交流会”，为泛珠三角区域合作工程献计献策。这些措施对加快技能人才资源的整合步伐起到了极大的推动作用。

第四章　泛珠三角技能人才整合战略与体系构建

要实现泛珠三角区域合作，人才是泛珠三角成功合作的第一资源，而技能型人才则是其核心人才资源之一。促进泛珠三角区域产业协调发展，培育区域优势产业，建立完善的区域交通、通信网络和公共信息平台，共建统一市场等，都十分需要大量技能人才。从泛珠三角全局的角度来看，泛珠三角区域的协调发展有赖于技能人才的有效开发和整合。

因此，研究泛珠三角区域技能人才整合的可能性及分析现有整合策略的实施现状，完善泛珠三角技能人才整合策略，构建泛珠三角技能人才整合体系，以实现泛珠区域技能人才的有效开发与利用，促进区域经济和社会的发展，具有重要的现实意义。

一、人力资源整合的概念

整合有“调整与融合”之意，意即结构调整、系统融合，由无序到有序，由矛盾到统一，由失衡到均衡，使系统能最大限度地发挥其功能，进而实现系统目标。

人力资源整合目前在学术界还没有一个一致的定义。罗瑾琏教授在《企业绩效的人力资源整合》一书中，对人力资源整合作出如下定义：人力资源整合是引导组织内各成员的目标与组织目标朝同一方向靠近，从而改善各成员行为规范，提高组织绩效。

根据这一定义及本书的研究思路对区域人力资源整合作出如下定义：在战略思维的层面上，人力资源整合是系统论的思维方式。就是因为人力资源存在区域性闲置、紧缺和错配甚至浪费等现象，所以没有做到人尽其用。从市场人才需求出发，通过组织和协调，不断完善、健全机制，达到区域性技能人才最佳配置比例，更好地发挥技能人才群体对区域经济发展的作用，达到 1 + 1 > 2 的效果；在战术选择的层面上，人力资源整合就是优化配置的决策，就是指通过测试、评估、培养、激励和规划等手段进行结构性的优化重组，以挖掘其潜能的系统工程。

二、泛珠三角区域技能人才整合现状分析

泛珠三角区域合作已启动近五年时间，但关于技能人才的整合工作仍较多停留在政策阶段或初步实施阶段，在管理、技术、体制、规模上还有很多不符合市场化发展的要求，需要更实质性的大力的推动与实施，才能满足市场对技能人才提出的要求，保证各类技能人才的有效供给和合理使用，构建现代产业体系。下面将从技能人才规划、培养、获取和激励四个角度深入剖析当前泛珠区域技能人才整合存在的问题。

（一）规划性整合

技能人才培养与发展规划是实施人才开发和整合的第一步。当前区域内各省市也已认识到规划的重要性，纷纷根据自身的经济社会发展的需要制定了相应的技能人才发展规划，但是仍有部分地区没有将技能人才培养纳入人才发展规划考虑范围。个别省市甚至连对本地区技能人才情况进行统计的工作都还没有做好，就更加谈不上进行全面科学的规划、加强本地的技能人才队伍建设了。现行的人才规划政策也存在某些缺陷，主要体现在以下三方面：一是技能人才开发与发展目标的设定不符合本地区的实际需要或是实际承受能力；二是技能人才培养规划重心有失衡现象，绝大部分省区把技能人才培养的重心落在培养和发展高级技能人才上，对初中级技能人才培养的关注较少；三是缺乏区域性的技能人才开发与发展的整体规划编制。

（二）培养性整合

培养是技能人才整合中重要的一个策略，但是目前区域内各省市的技能人才培养仍存在很多不足。

1. 相关主体投入均不平衡

受体制影响，我国当前培养职业技术的学校分两类：一是劳动保

障部门管辖的技工学校；二是教育部门所属的职业学校。从全国角度来看，教育系统的职业学校享受《职业教育法》规定的教育费附加；劳动保障系统的技工学校作为职业教育的重要组成部分，却尚未享用教育费附加。

按照“谁使用，谁培训”的原则，企业是技能培训主体，应当保证员工技能培训的投入。一般来说，国有企业能够按照国家规定，提取职工工资总额的1.5%～2.5%用于教育培训；部分非国有规范企业也愿意投入资金用于培训本企业技工。但是，数量庞大的非国有中小企业却走“只使用，不培养”的路子，不愿意投入资金培训技工，靠直接到劳动力市场聘用技能人才或挖大企业“墙角”的办法解决技能人才短缺问题。

2. 缺乏规模化培训基地

由于传统观念的影响，技能型人才培养不被重视，政府投入不足等原因，致使职业技能培训机构不受青睐，基础设施薄弱，严重缺乏高质量的、规模化的技能人才培训基地。虽然各省市逐步意识到技能人才培养的重要性和迫切性，纷纷加大力度建设技能人才，尤其是高级技能人才培训基地，但是，其规模、培训质量、基础设备仍不能满足当前技能人才培养的需求，和国外相比存在很大的差距，区域性的技能人才实训基地仍然很缺乏。

3. 技能培训层次单一

区域内各省市在职业技能人才的培养、训练上，主要依靠市场的力量，依靠企业和民办培训机构。但单一企业难以开展专业性强、技能水平高、投入大、训练期限长的高技能人才培训；民办培训机构主要从事档次低、技术含量不高、培训周期短、培训投入少且见效快的培训项目；政府培训机构的培训也主要是在新人就业前培训、失业培训和转岗培训等初中级的技能培训上。这将导致高新技术产业、制造业、建筑业等产业高技能人才极度匮乏，影响区域内产品升级和国际竞争力。

4. 区域性培训合作不足

目前，技能人才的培训主要处在“独立自主，各自为营”的阶段，跨省市的培训合作极少，不能发挥优势互补的作用。泛珠区域内各省区间在技能人才培训资源方面存在极大的差异。就以广东省和海南省为例，广东拥有 50 个高技能人才实训基地，其基础设施建设和师资等方面相当优越。海南省高级技能人才培训资源却严重不足，2002 年前几乎没有高级技工学校，目前也仅有五所高职院校具备开展高技能人才培养活动的能力。由此可见，推动泛珠区域技能人才队伍建设，实现技能人才培训一体化是十分必要和迫切的。

2007 年 1 月劳动和社会保障部办公厅颁布了《关于印发高技能人才公共实训基地建设试点工作指导意见的通知》。该通知指出："十一五"期间，根据经济发展和产业结构调整的需要，立足当地支柱产业、现代服务业和高新技术产业发展，按照"统筹规划、合理布局、技术先进、资源共享"的原则，在全国有条件的地区建设 50 个面向社会提供实训和技能鉴定服务的公共实训基地（其中东部经济发达地区每个省至少建立两个），初步形成公共培训鉴定服务网络，使之成为劳动保障部门新的公共服务窗口，开展高技能人才培养和评价服务，为实现素质就业探索道路，为经济发展输送合格的技能人才，分类指导、分步推进公共实训基地建设。通过东部地区率先建设，辐射中西部地区有条件的城市加快工作速度，逐步在全国中心城市建成公共实训基地，并形成互通协作的工作联盟。区域内公共实训基地建设，要进行合理规划和布局，形成公共实训基地与企业、院校高技能人才培训基地功能互补、特色发展的工作格局。

毫无疑问，高技能人才公共实训基地建设将为技能人才的培养工程注入强心针，有力地推进技能人才整合工作。

（三）引进性整合

1. 技能人才引进的方式

技能人才的获取方式是多元化的，经过分析和总结后，把获取方式归纳为以下三种：进行技能人才招聘的形式，通过举办各种类型的人才招聘会引进技能人才，如"泛珠三角九省区劳务合作洽谈暨技术技能人才招聘会"的举办就给各个地方政府和企业提供了一个良好的技能人才引进平台；通过招调入户等方面的政策导向吸引技能人才；通过定期组织技能竞赛发现和引进人才，这种方式可以较快地发现技能人才并招调入户。但是有其局限性：能够举办竞赛的技能工种少，一般只有电工、计算机操作和美发美容等少数工种，且属于技术含量较低的工种，而编程、数控等较为高端的技能工种，因其自身特点和对操作条件的特殊要求，很难组织现场竞赛。企业与技能培训基地建立固定合作关系，订单式引进技能人才。这种引进形式具有岗位针对性强，能够迅速满足企业生产经营需要的优势。

2. 技能人才引进存在的问题

（1）泛珠区域优势在下降。由于技能人才，特别是高级技能人才短缺已经成为全国性问题，国内其他经济区域，如长三角经济合作区域，环渤海经济合作区域也都纷纷制定培养和稳定技能人才的积极政策，营造良好的技能人才发展环境。相比较而言，泛珠三角，尤其是珠三角原有的工资优势、劳动者个人发展优势已经基本消失。区域优势的下降不但不能吸引区域外的技能人才进入，而且产生了本区域技能人才外流的现象。

（2）高技能人才待遇较低。福利待遇是确立人才社会地位的重要标志之一，是市场经济条件下激励人才发展的主要动力，是解决培养技能人才问题的关键。劳动保障部明确规定，高级工、技师、高级技师分别享有与助理工程师、工程师、高级工程师相对应的工资福利待遇。但是泛珠区域内绝大部分省市，无论是政府部门还是企业都没有给予高级工、技师、高级技师应有的工资福利待遇。

（3）人才引进政策有失偏颇。“重学历，轻技能”的人才观念，一直以来都左右着政府对人才引进政策的制定。以深圳为例，深圳市的人才引进一直以高学历人才为主，针对技能人才的引进不够重视。近几年来深圳政府出台了一系列优惠政策，主要吸引高科技人才、高级管理人才落户深圳，每年下达两万多个指标引进本科以上毕业生入户，但是对高级技能人才的引进指标偏少，而且缺乏优厚政策的吸引力。

（四）激励性整合

激励不但可以吸引人才、留住人才，而且可以通过激励使员工最充分地发挥其才能和技术，变消极为积极，从而保持工作的有效性和效率性。

透过调查研究发现，泛珠区域内对技能人才的激励机制存在一定的缺陷与不足，主要体现在以下几个层面：

1. 激励环境优化性差

技能人才激励机制的环境状况，是技能人才环境的重要组成部分，它是技能人才激励效果的整体性的社会化反映，直接影响制约着整个技能人才队伍的作用发挥和成长发展。目前，泛珠区域技能人才激励环境的相对不佳，主要表现在：

（1）受传统观念“重学历，轻技能”的影响，在技能人才激励观念的认识上，没有将其摆在应有的重要位置，长期以来技能人才的作用与地位没有得到重视。这种观念成为一种无形的阻碍力量，既影响着管理者的决策选择，又影响着技能人才对自身权益与需求的伸张，使技能人才激励活动难以取得突破性的进展。

（2）技能人才激励主体管理的理念陈旧僵化，大部分单位把技能人才看作是单位运作中的投入要素，注重的是其作为投入要素对单位的产出和贡献，甚至有的认为使用技能人才已是对其“恩赐”。这种“只使用，不培训”的做法，严重挫伤了技能人才的积极性，并且阻碍着技能人才激励机制的形成。另外，用人主体激励人才的运作理念比较滞后，仍然固守着过去简单化的物质和荣誉激励，没有重视与工作本身和个人发展相关的诸多其他因素的激励作用，没有考虑到技能人才的多方面需求。

2. 激励的构成不科学，激励形式单一化

激励形式、内容是构造激励机制的核心，运用什么样的激励形式、内容及运行体制，就形成与其相对应的特定的激励机制。从对当前泛珠区域企事业单位的调查和了解情况来看，用人主体的激励形式、内容构成存在很多弊端，主要表现在：

在激励的形式构成上，一种表现是激励虚化，倾向于用名誉激励和政治荣誉激励取代价值货币化的物质激励。这种虚化的、单方面满足技能人才部分需要的激励形式，从根本上违背了人的生存与精神双重需求的规律，达不到长期激励与整体激励的效果。另一种表现是激励构成简单化，在实施激励时，大多局限于浅层次的物质与精神激励，而对于影响技能人才的情感、态度和效率的人际环境、工作环境则甚少顾及，尤其忽视了技能人才的成就感需求和自我实现等内在因素。再者就是，多数用人主体在激励上只顾及极少数塔尖部分的杰出技能人才或贡献特别突出的高级技能人才，而对初中级的技能人才没有充分地关注。这严重阻碍了激励效能的整体扩散，达不到有效激励技能人才整体积极性的目的。

3. 激励结果低效

追求激励策略的高效益和高效率是实施激励策略应有的价值取向。但实际上，事与愿违的情况是屡见不鲜的。当前泛珠区域内技能人才激励情况是不尽如人意的。一方面，激励对象的整体满意度较低，体现在：一种是实施激励达到的满意人数比率低；另一种是实施激励达到满意的持续性差。另一方面是激励的全面性差。多数单位反映人才在个别方面还比较满意，但在其他很多方面则感到不满意，特别是对尊重技能人才独立人格、创造自由发展空间和形成平等人际交流关系等方面普遍感到不满意。这种满意的结构性问题，削弱了满意的整体水平，导致技能人才整体积极性不高，缺乏进取热情，创造张力不足，不能达到激励先进、鞭策后进，整体激发工作劲头，激发工作欲望和创造潜能的目的。总而言之，这种低效的激励活动是失败的，也是不符合时代要求的。

三、泛珠三角区域技能人才整合的战略思考

从战略意义上来看，泛珠三角区域技能人才整合的战略着眼于两个方面：一是从区域产业合作的战略角度来看，要加强区域经济互补层面技能人才的优势合作；二是从人才分布的结构调整来看，要优化结构分布，实现技能人才区域性合理流动。

（一）加强区域经济互补层面技能人才的优势合作

1. 加强各省技能人才在优势产业方面的合作

区域经济发展的一种表现形式即区域产业结构转换，产业结构状况是区域经济发展水平的内在标志。① 泛珠三角区域九省区工业区位相对优势差别较大，广东的高科技、信息化产业具有相对区位规模优势；福建的工业品及服装生产行业具有相对区位优势；江西、湖南和贵州自然资源相对较多，煤炭和有色金属的开采具有区位规模优势；其他省区也都形成了自己的区位优势和劣势行业。

各省区可以利用各自的区位优势行业为其他区位劣势省区培养

① 张向前. 中国大陆地区人力资源与经济发展模型分析. 贵州财经学院学报，2005(5)：46

高技能人才。如广东的高新技术产业不但技能人才实力较强，而且具有高度集群、产业链完备以及规模较大等优势，对泛珠其他地区的产业发展提供人才、技术和信息等方面的支持与服务；其他省区如广西、江西、贵州、四川等省区以积极姿态融入泛珠合作，专设了多个用于接纳广东信息产业梯度转移的工业园区。

广东产业向周边地区的辐射与转移，不光要向这些地区转移资金和技术，也要向这些地区转移一部分技能人才和管理人才。这需要广东在技能人才的培养上，着眼于培养高素质、技术过硬、管理观念较新、适应能力强的综合性技能人才。香港在20世纪80年代向广东珠江三角洲地区转移资金、技术的同时，亦转移进来大批的人才，据香港贸易发展局估计，目前香港公司派往内地的技术及管理人员约10万名，其中有半数以上在广东工作；另外，这些企业每年都会安排约数千名员工到香港的学院和商业机构受训，以提高其技术和管理技巧，从而保证了港资企业的正常运作。这一经验特别需要广东的有关部门认真研究，作出相应的决策，否则就会导致事倍功半的结果。

2. 加强技能人才教育产业方面的优势合作

改革开放先行一步的广东，在经济发展、体制创新、产业升级、城市建设等方面取得的突出成效及积累的丰富经验，无疑是泛珠其他地区技能人才培训的宝贵资源。近年来，泛珠区域技能人才到广东挂职学习交流，为泛珠技能人才合作注入了许多新的内涵。珠三角凭借其发达的经济所形成的吸引力，长期以来吸引了相当多的泛珠区域技能人才来广东发展和锻炼。一大批经历了珠三角市场经济磨炼的技能人才重返故里后，在推动当地经济的发展中已显示出生力军的作用。

区域内湖南、广东、四川、江西和广西已成为高等职业技术教育优质资源集中的地区，广州、深圳、长沙、成都、南昌、南宁等城市已出现了若干名校，如白云职业技术学院、广东轻工职业技术学院和深圳职业技术学院等院校。但由于受行政区划和管理体制的制约，各高职院校的专业设计雷同，课程开发和教学手段落后，师资队伍素质不高，互相争夺生源，未形成教育合力与规模，难以发挥高职教育本身的作用和功效。如果不从广大的区域内考虑交流与合作，仍画地为牢局限在各自的行政范围内，技能人才水平的进一步提升将遇到阻碍。因此，加强区域间高职院校的分工和合作，进行人才资源规划、培养的协同，有利于提高泛珠三角高等职业技术教育的发展水平。

但是，基于区间经济及技能人才素质、来源之间的差距，如何寻求更大空间的技能人才资源共享，从更长时间跨度去延续技能人才发展后劲，正日益成为泛珠经济发展迫切需要解决的问题。

（二）优化结构分布，实现技能人才区域性合理流动

优化技能人才结构分布与实现技能人才流动应该统一于泛珠三角区域经济、社会的发展。区域技能人才流动是经济、社会发展到一定阶段出现的必然现象，是技能人才资源分布的动态表现。区域技能人才结构分布是技能人才资源的静态表现，是按市场发展要求进行配置后所形成的结果。在技能人才结构与分布出现不平衡时，就会通过技能人才流动的方式来达到平衡，并最终与泛珠三角区域经济、社会发展水平相适应。因此，区域性技能人才流动影响泛珠三角技能人才的结构和分布，泛珠三角技能人才结构分布又作用于区域性技能人才流动，两者都应统一于区域内经济和社会的发展。

1．泛珠三角技能人才结构分布调整思路

（1）战略方面。在战略上，要使技能人才结构、分布调整与教育结构布局调整、经济技术结构布局调整互相匹配，互相促进；而对重点发展的高新技术产业与战略性支柱产业的技能人才结构与布局调整则应有长远的规划。

（2）范围方面。在范围上，要将技能人才结构、布局调整与泛珠三角劳动力总体结构、布局与素质的调整衔接起来，这就要求从整个区域的人力资源开发与结构、布局调整的总体框架中来调整技能人才的结构分布。

（3）观念方面。在观念上，要将以往技能人才资源开发从单纯数量增长与学历提高转变到结构、布局合理，规格、种类配比协调，综合素质较高的轨道上来。

2．优化泛珠三角区域技能人才结构分布的近期对策

（1）加紧开发中青年拔尖技能人才，缓解技能人才结构分布不合理的问题。

为缓解泛珠三角目前存在的技能结构分布极其不合理、技能人

才断层的问题，建议立即实施开发中青年拔尖技能人才的专项工程：

①要制定并实施泛珠三角各省中青年的技能人才开发战略规划，重点在高校、科研、高新科技、生产制造等领域开展拔尖技能人才建设工作，有计划地做好选拔和培养学科、技术或行业后备带头人的工作。

②优化中青年技能人才资源开发环境，大胆起用中青年拔尖人才。建议设立雄厚的“泛珠三角中青年科学基金”，用于培养和扶持中青年技术骨干，支持他们开展科研攻关和技术革新。同时，根据技能人才梯队建设的需要，可从高级技术职务限额中划出部分限额作为“中青年”指标，通过技能竞赛公开竞争，使优秀技能人才骨干早日脱颖而出。

③要发挥“老专家”的传、帮、带作用，通过建立“导师制”的培养制度等选择部分德才兼备、有培养前途的中青年技能人才骨干，进行高层次的目标培养。如江西铜业公司贵溪冶炼厂对青年高技术人才培养非常重视，由于各项措施十分到位，在短短几年内，该企业高级技师由原来的 5 名增加到现在的 28 名，技师由 85 名增加到现在的 289 名，后者翻了三倍多。

④选派一部分素质好、有事业心、技能拔尖的优秀技能人才到科技发达国家进修培养。特别是在高新技术或国内人才紧缺的专业，加强培养和教育，真正造就一支专业技能拔尖的技能骨干队伍。

（2）加强国有大、中型企业技能人才资源开发，重点培养技能人才领军人物。

“国有大、中型企业是国家财政的主要来源，是社会主义经济的脊梁。”因此，要把国有大、中型企业技能人才资源的开发作为泛珠三角各省区技能人才资源开发的一个战略重点。当前在加强专业技能人才和高级技工、技师三大类人才开发的同时，要突出把企业技能人才领军人物的培养作为大、中型企业人才资源开发的一个重点内容。

①加强对国有大、中型企业技能人才开发的研究规划工作。要在摸清现状的基础上，结合泛珠各省“十一五”规划制定国有大、中型企业技能带头人才的开发配置规划及具体措施。

②做好国有大、中型企业技能带头人的即期开发。对技能人才中

技能突出、有发展潜力的优秀技能人才宜采取送高校学习、在职培训等形式，培养更多的技术带头人，缓解企业高技能人才短缺、分布不合理问题。

③优化国有大、中型企业技能人才的选拔、培养机制。选拔有专业知识、实际工作经验，又兼有现代管理思想、战略头脑的、开拓型的领军人物，以培养一支高层次的、适应经济发展需要的高级技能人才队伍。如韶钢集团的全国技能代表罗东元，培养出一支全国独一无二的能够自己设计、自己施工、自己维护、自己日常检修的工矿企业铁路运输“全能”团队。

（3）根据发展高新技术及其产业的要求，大力开发高新技术方面的技能人才。

①鼓励技能人才相对集中特别是科研院所、大专院校和大中型企业实行技能人才分流，有组织地到开发区创办、联办高新技术企业，支持开发区建设。

②对技能人才到高新技术企业工作的，在工资、待遇、职称等方面给予优惠和优先照顾。对在高新技术企业作出贡献的技能人才应定期予以表彰。技能人才到高新技术企业工作，可实行“来去自由”的灵活政策，以此来吸引高级技能人才向高新技术产业流动，缓解高新技术在技能人才总量方面分布少的状况。

③创造高新技术研究和交流的良好环境条件，引导技能人才向高新技术产业流动，改变高新技术产业技能人才的分布情况。各主管单位、科研单位、高等院校等都要为技能人才的知识更新创造条件，根据产业要求建立技能人才的进修培训制度，增加高新技术的科研经费投入，定期举行技能成果展览会、评奖会和一些技能学术报告会等。

（4）实行优惠政策，吸收国内外优秀技能人才来泛珠三角地区工作。

①根据国家“十一五”规划和泛珠各省制定的“十一五”规划情况，应尽快采取有效措施，吸引和培养区域经济发展急需的专业技能人才参加泛珠三角经济的建设。

②积极创造条件，给予高新技术企业直接吸收国内外优秀人才来本地工作的户口、编制、职称、住房等方面的安置能力。特别是目

前泛珠三角各省中技术力量薄弱的一些部门，凡国外回国者、国内取得重大技能科技成果者、技能专业带头者，均可优先考虑调入，并对其家人进行安置。

③在利用好国内外技能人才资源的同时，还要有计划、有组织地开展技术和智力劳务输出，大力发展区域间和国际间的人才交流，以此来调解区域间、产业间技能人才分布失衡的状况。

（5）充分利用离退休的技能人才资源。

随着整个区域离退休人员的增加和人口平均寿命的提高，老人离退休后重新就业的人口将会不断增加。由政府或社会组织他们当中懂技术、有技能、身体条件较好的人才发挥余热。

3. 优化泛珠三角区域技能人才结构分布的中长期对策

（1）制定泛珠三角中长期技能人才开发规划，合理配置技能人才资源。

泛珠三角区域的产业升级需要大量技能人才支援，因此制定中长期技能人才资源开发规划，充分开发利用技能人才资源，显得尤为重要。科学制定中长期人才资源开发规划是开发利用技能人才资源的一个重要问题。因此，泛珠三角各省、各部门、各单位都应依据“十一五”规划社会发展总目标和各省“十一五”人才资源开发战略规划，结合企业、单位的实际需要，科学地制定中长期技能人才资源开发规划和年度开发实施计划。它包括技能人才增长速度、总体规模、分布结构和培养措施等。规划中的战略重点是培养、选拔、使用一大批中青年高级技工、技师、高级技师等高技能人才，从根本上保障泛珠各省“十一五”期间技能人才战略目标的实现，使技能人才结构分布得到进一步优化。

（2）组织和合理配置技能人才资源，优化区域内技能人才结构分布。

国际产业发展的经验充分说明产业结构调整和技能人才资源开发、配置与社会经济发展具有同步效应，产业结构调整必须与技能人才资源配置相结合，产业结构才能向高度化发展；反过来，技能人才资源的分布、配置也只有与产业结构相协调，才能发挥最大效应。

现阶段根据泛珠各省经济、社会发展对产业结构调整提出的要求，结合泛珠各省“十一五”规划中产业调整的意见，把技能人才结构从适应性调整向战略性调整转移。实行这一战略性调整，主要从两个方面着手进行：一是增量调整，加强泛珠三角区域技能人才教育、培训一体化的同时，对各学校的长线专业进行压缩，并拓宽在校学生的专业面；二是存量调整，对各类已过剩的专业技术人员进行系统的转业培训，使之适应新的专业技术岗位工作。

在进行增量调整和存量调整时，应该从以下几个方面着手：第一，根据工业结构将趋向高度化、集群化和产业升级的要求，压缩技术中、低度行业的技能人才数量，提高高新技术和新兴产业技能人才分布的比重；第二，为适应第二产业的发展要求，大力提高商业、金融、旅游、信息和房地产等领域人才在第三产业中的比重；第三，逐步提高泛珠三角区域各行业外向型、复合性、应用型技能人才分布的比重，为区域内工业结构调整、产业升级准备技能人才队伍；第四，改善技能人才的年龄结构，培养一大批青年高级技能人才，结合新补充技能人才，不断调整区域内部技能人才结构，使之不断优化，从而达到区域内技能人才流动、分布的动态和静态平衡。

（3）完善区域市场调节技能人才体制，优化技能人才结构分布。

利用初步建成的泛珠三角区域人才信息共享平台和网络服务系统，实现与全国和其他省市人才信息网络的对接，实现泛珠三角区域人才市场的整合。注重省内人才市场的整合，构建部分对周边地区技能人才供求调剂作用较大的区域性人才市场，把高级技能人才的市场配置与地区经济发展紧密结合起来。通过人才市场机制建设，使技能人才流动更畅通，技能人才的结构得到进一步优化，分布更加合理。

①健全人才市场体系。目前，各地的人才市场对劳动力市场供求的调节作用还十分有限。各地高技能人才长期严重缺乏，而劳动力与人才市场未能对此作出及时的反应和有效的调整就证明了这一点。因此，完善和规范区域内人才市场体系，加强区域一体化人才市场建设，健全区域内劳动和职业指导服务机构，开放技能人才市场显得尤为重要。开放技能人才市场，疏通技能人才供需通道，调节技能人才供求关系，促进技能人才竞争，优化技能人才结构分布与其他资源合理配置，解决技能人才管理中长期存在的短缺、技能水平不高的问题，使泛珠三角地区技能人才管理体制有一个突破性的进展。

②增强人才市场技能人才的服务功能。第一，要增强服务意识，推动开展人事人才服务合作。适应泛珠三角地区企事业单位和各类技能人才的不同需要，拓展技能人才服务领域和合作内容，通过相互委托的异地人事代理、人才租赁等人才服务项目，搭建区域内共通的技能人才服务框架，形成区域内统一的公共人才服务体系。第二，要改进服务方式，既要主动出击，深入用人单位特别是企业，调动他们进入人才市场招揽技能人才的主动性和积极性；又要把场上服务和场后服务有机地结合起来，采取多种形式加强与用人单位和求职技能人才的联系，进行跟踪调查，搞好信息反馈，促进人才市场、人事配套功能的完善和服务水平的提高。

③提高技能人才信息化的服务水平。技能人才供求信息的传播速度、范围和质量，直接影响着技能人才资源的合理流动和配置。在泛珠三角区域九省区人才网站信息平台上加快技能人才供求信息网络枢纽和高级技能人才数据库建设，建立完善技能人才市场信息定期发布制度，提升人才市场功能，使之产生更大的社会效益；同时，要提高技能人才市场信息利用程度，盘活技能人才信息资源，促进统一的技能人才市场信息网络的形成，从而发挥技能人才市场信息对技能人才流动、配置的导向作用，促进技能人才有序地流动。

（4）打破区域技能人才流动壁垒，完善区域技能人才流动机制。

在区域经济一体化日趋向纵深发展的今天，人为地阻碍人才在区域之间的自由流动只会带来经济运行的低效率，打破自然、人为障碍而整合人才市场可以收到多赢效果。各级政府应消除技能人才流动的体制性障碍，以开阔、开放的视野来创造技能人才自由流动和优化配置的环境，制定符合技能人才区域流动需要的产业政策和社会保障政策，为技能人才流动创造一个公开、平等、宽松的环境，使得技能人才在市场主导下自由流动，把技能人才静态分布劣势变成动态流动优势。

①建立区域内技能人才流动竞争机制。竞争是形成技能人才合理流动的有效手段。在社会主义市场经济条件下用人制度要坚持机会均等、竞争择优的原则，鼓励技能人才公平竞争，让技能人才在竞争中促进流动，在流动中加强竞争，从而更多、更好地识别、发现和启用优秀技能人才，更好地配置技能人才。

②建立区域内技能人才流动激励机制。要针对不同技能人才在不同环境、不同时期的各类需求层次，在各地区、各部门建立起吸引技能人才流入、发挥技能人才作用的各项激励机制。要利用利益驱动的原则，加大吸引技能人才资金投入，大力推行技术入股、专利入股等新的分配手段，吸引技能人才向急需的领域和地区流动。

③建立区域内技能人才柔性流动机制。打破传统的户籍、档案等人事制度中的瓶颈约束，在不改变技能人才与其原单位隶属关系的前提下，将技能人才以“长租短借”等灵活方式共享使用，也可以采取兼职招聘、智力咨询、交换使用、人才租赁、人才派遣等多种方式打破原有体制的束缚和弊端，树立多层次、全方位、多角度的用人观，实现人才的柔性流动。

（5）做好技能人才社会保障工作，构筑技能人才流动的安全网。

健全的社保体系是实现技能人才流动的基本保障，是消除技能人才流动后顾之忧的安全网，是让技能人才安心工作、发挥作用的必要条件。健全社会保障制度，形成社会化保障体系，打破现行社会保障单位化格局，社会保障事业由单位行为转向社会行为，形成社会化保障体系，这是建立泛珠三角区域技能人才管理新体制的必然要求。

①泛珠三角九省区各自设立社会化保障机构。由其统一管理各省、市技能人才的社会保障事业，负责各项社会保障基金的筹集、管理和发放等。

②泛珠三角九省区各自设立社会化的技能人才专用保障基金。按照国家、集体、个人共同承担社会保障责任的原则，由技能人才个人向有关社会保障机构按月交纳一定的保障金。

③建立有利于技能人才流动的保障制度。通过社会保障资金的预筹积累，建立起技能人才自我保障与社会供给保障相结合的新型社会保障制度。在这一社会保障制度下，技能人才个人向社会保障机构支付并领取相应的保障基金，实现保障社会化后，技能人才流动或转换职业的风险由社会提供保障，免除了技能人才进入人才市场的后顾之忧，从而为市场机制对技能人才资源的合理分布、优化配置提供了前提条件。

四、泛珠三角区域技能人才整合体系构建

从当前泛珠区域技能人才整合的现状来看，区域内各省市已关注到技能人才整合的重要性，也已在着力实施技能人才的整合，但是整合策略存在缺陷，整合缺乏体系性，从而导致整合结果低效。

因此，要充分发挥泛珠区域技能人才资源的潜在优势，推动区域经济的发展，我们依据亚当·斯密“看得见的手与看不见的手”的理论，从政府调控和市场导向出发，在技能人才一体化和产业化两个战略构想的基础上，提出构建泛珠三角区域技能人才整合体系。

（一）加速推进泛珠三角技能人才一体化

技能人才一体化构想是在泛珠三角人才一体化的基础上，进一步细化提出的技能人才一体化的构想。随着《泛珠三角九省劳务合作协议》的签订，泛珠三角人才一体化的构思逐步由设想向现实演变。目前，泛珠三角人才一体化的实施有了实质性的进展，这为技能人才一体化构思的实现奠定了一定的基础。

1. 技能人才一体化战略的目的

技能人才一体化是力求在区域内各地方政府的支持配合下，通过建立技能人才整合平台，不断推进泛珠三角合作区域内技能人才开发与整合的资源共享、政策协调、制度衔接和服务贯通，建立泛珠三角技能人才开发整合机制，健全技能人才制度，逐步实现区域内技能人才的自由流动与各省区间技能人才的优化配置。

2. 技能人才一体化战略的原则

严格遵循贯彻一体化的“四项原则”——市场主导、开放自主、互惠共享、优势互补。

（1）市场主导。合作区内各地政府人事部门要切实转变政府职能，摒弃政策壁垒，充分发挥人才市场在技能人才资源配置中的作用，协调各地区的紧缺人才，积极谋求和推动泛珠三角统一的、协调发展的技能人才市场体系的建立。

（2）开放自主。即区域合作对外开放，建立自由的、开放性的相互依赖关系。自愿加盟或退出，不排斥城市间已经存在的多边合作关系，达到相互补充与促进的效果。

(3) 互惠共享。确立起共同利益基础上的“多赢共赢”思维，实现技能人才信息资源、人事制度改革成果共享，把泛珠三角技能人才一体化合作建立在共同的利益趋向和各自产业分工、区域功能定位的基础上。

(4) 优势互补。即为在不否认区域内竞争存在的基础上，谋求“和平发展、共进齐胜”的战略协同和联盟，加强技能人才的优化流动，特别是加强与港澳之间的技能人才交流，在竞争协同中不断整合，促进创新成果的扩散和优势互补效应的显现，放大技能人才效益和整体竞争力。

3. 技能人才一体化战略的措施

要从“政策规则、人才环境、信息系统、教育互补、人事服务”五大方面入手积极推动技能人才一体化的发展。

(1) 政策规则。逐步统一泛珠三角区内人才市场在准入标准、设立程序、营运规则等方面的规定，推进和实行区域内人才流动政策、吸引政策、培训政策和社会保障制度等方面一体化的政策框架，降低区域内技能人才流动和开发成本，搭建泛珠三角区域一体化的技能人才自主交流平台，使技能人才能在区域整合大趋势的推动下向需求地区流动。

(2) 人才环境。共同构建公平竞争的技能人才法制环境和技能人才生态环境，并联手进行区域性人才市场监管和技能人才资源保护，从而真正实现技能人才的跨区域资源配置和资源共享。

(3) 信息系统。构建以技能人才信息系统为主干的泛珠三角技能人才诚信系统，健全技能人才信息交换和发布机制，逐步实现全区域技能人才信息联网，构筑畅通、快捷的技能人才信息平台。

(4) 教育互补。推进资格证书的互认或衔接，实现区域内教育、培训、职业鉴定的资源互通、共享及在服务标准上的统一。以互设分支机构，互派学者、科研专家交流等多种形式，共同培养各地的紧缺、急需人才，逐步形成人才共育的全新格局。

(5) 人事服务。推动开展人事人才服务合作，适应泛珠三角地区企事业单位和技能人才的不同需要，拓展人才服务领域和合作内容，通过相互委托的异地人事代理、人才租赁等人才服务项目，搭建区域内共通的人才服务框架，形成区域内统一的公共人才服务体系。

要加快技能人才一体化进程，首先我们要在技能人才统计标准、资格证书互认、吸引政策、流动政策、诚信体系建设等方面加大投入力度；加强在技能人才市场机构准入、网上技能人才市场建设、举办技能人才交流活动、国际技能人才资源共享等方面的合作，并在推进人事制度改革、处理人才争议等方面协调政策和行动。泛珠三角技能人才一体化必须不断向纵深推进。

（二）实现泛珠三角技能人才产业化整合

技能人才产业化整合，是在现有技能人才服务已成一定体系的基础上，立足于泛珠区域的实际，把技能人才资源当作资本，通过建立技能人才开发、交流、服务、认证的产业链，以形成产业化运作模式，实现技能人才优化配置，提升泛珠三角区域技能人才的竞争力。

要实现泛珠区域技能人才产业化整合，除了要明确产业化整合的目标外，还需从以下两个方面加大力度：

1. 基础配套的建设——建设地区技能人才培训基地，统一交流平台

结合地区优势建设和完善地区技能人才培训基地，尤其是高级技能人才培训基地。在泛珠区域内根据各省市经济发展需要以及教育优势，通过整合当地的职业技能教育资源，提高技能人才的素质，建立起有地区特色的技能人才基地。在满足本地发展所急需的技能人才的同时，又可利用泛珠三角合作区内统一的交流通道，向基地外其他省区输送技能人才，实现技能人才的区域内专业化培养、统一化流动。

联合搭建统一的技能人才交流平台。在地区技能人才基地的支持下，形成一个以珠三角为中心，向各地日渐成熟的人才市场输送统一技能人才的大平台。这是一个区域内的技能人才交流与服务中心，其业务包括需求评估、交流服务、人事代理、人才测评等。它的主要任务是通过不断完善人才市场交流服务功能，构建人才供需交流平台，提供人才市场公共服务；建立人才市场服务标准体系，规范人才中介服务行为，加强从业人员培训，提高从业人员能力素质，为用人单位和人才提供招、应聘等各类优质高效的服务；加快中外合资人才中介服务机构建设，积极开展国际技能人才智力交流与合作，逐步实现人才配置市场化、人事代理社会化、信息服务网络化、人才测评专

业化、人才租赁合同化、人事咨询科学化、薪酬设计系统化、人才国际化，努力促使技能人才在市场导向下自由流动，使泛珠三角大区域内的技能人才得以优化配置。

2. 整合产业链——人才培育、人才资格认证、人才服务、人才配置交流

基于技能人才基地和交流平台两大配套设施，将整个技能人才开发与服务各项业务进行整合，形成以人才培育、人才资格认证、人才服务、人才配置交流为主要业务的一条产业链（见图4.1）。以人才培育为基础，人才资格认证与人才服务为核心，人才配置交流为导向，通过产业与市场机制的作用，带动技能人才相关业务的发展，从而构建一个完善的技能人才产业化市场，以达到优化泛珠区域内各地区技能人才优化配置，实现技能人才资源整合的目标。

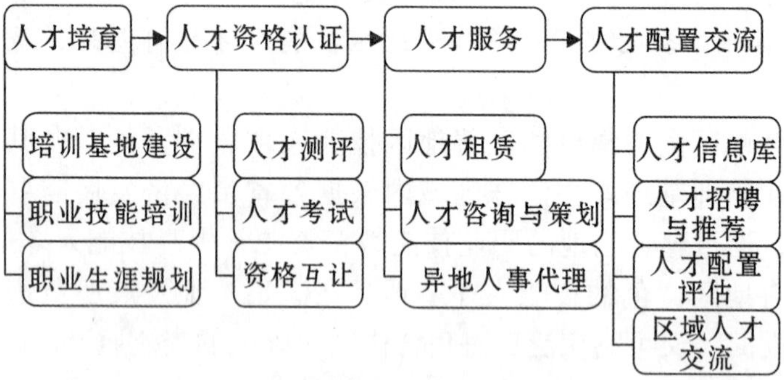

图4.1 技能人才一体化产业链

（三）构建泛珠三角区域技能人才整合体系

1. 泛珠三角技能人才整合体系的总体构建思路

泛珠三角技能人才整合体系是以一体化和产业化两大战略构想为理论支撑的。利用泛珠区域各个省区的特点优势，在政府政策的大力支持下，建立中高端技能人才开发培训基地、人才信息与服务平台、人事服务框架、技能人才测评系统和政府信息反馈体系，建立区域内的统一技能人才整合体系——泛珠三角技能人才整合体系。通过在宏观政策调控下的技能人才市场化流动，优化技能人才资源结构的配置，达到整合技能人才资源的目的，最终满足泛珠区域合作大

平台的需要（见图4.2）。

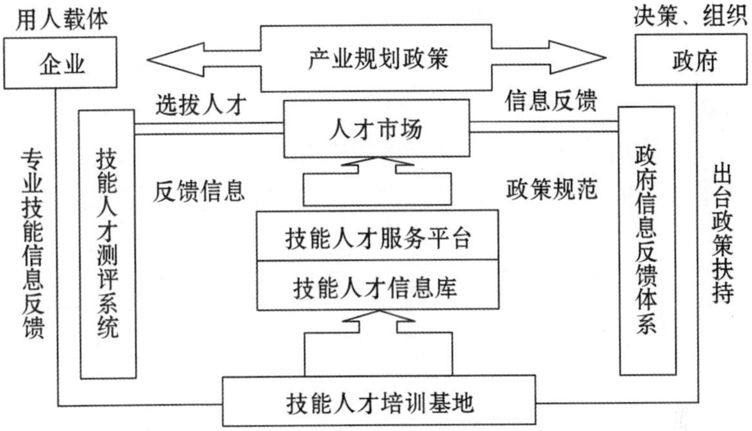

图4.2 泛珠三角技能人才整合体系

2. 泛珠三角技能人才整合体系运作模式

泛珠三角技能人才整合体系的运作是通过一个不断优化循环的运作系统来实现对技能人才的区域内整合的。首先将技能人才从各地人才市场的通道向处于核心区域的服务信息库输送。在信息库进行信息整合后，进入人才服务平台，通过人才平台的各种业务将技能人才推向泛珠三角的统一市场，使技能人才在市场导向下自主流动。终端的企业依据技能人才的测评系统选拔合适的人才，并将用人所得到的信息反馈给技能人才培训基地，用于提高技能人才培训基地的专业水平。政府在基于产业规划的基础上，通过政府信息反馈体系获取市场信息，检查市场体系中存在的问题及技能人才配置方面的情况，以此为出发点，出台相应的市场规范政策规范技能人才市场的运作，以及出台扶持政策支持技能人才基地对相应技能人才的开发与培训。技能人才基地依据政府与企业反馈的信息，改善技能人才教育与职业培训，培养更符合市场需求的技能人才，再向外输送。如此循环优化，从而达到对泛珠区域内技能人才资源整合的目的。综合来看，技能人才整合体系是结合了信息传导系统、产业载体系统、市场交互系统、开发培育系统与政府协同系统等五大系统相结合的综合性体系。

五、整合过程中相关主体的角色定位与任务

若要真正发挥技能人才整合体系的功能，务必需要各个相关主体的密切配合与积极参与。再者就是，相关主体必须明确自己在各个整合环节中的角色定位，以及应承担的相应任务。

根据整合体系运作的需要，相关主体可做以下定位（见表4.1）：

表4.1　政府与企业角色定位与任务分配表

任务	政府	企业
	角色	
技能人才培训	政府在政策上与经济上给予支持 1. 实行全面统筹，协助凑办培训实体，加强指导服务。按照行业、产业布局情况，发挥市场配置资源基础性作用，整合现有培训资源，建设职业能力服务平台。重点建设国家级、省级、市级高技能人才训练基地，打造一批对培养技能人才有突出贡献的诚信品牌培训机构。 2. 建立财政支持体系，扩大政府投入比例。建立职业培训专项财政经费；按失业保险基金的一定比例列支与进行职业培训；提取一定份额的教育费附加经费投入职业培训；实施企业培训经费监督制度。 3. 调整培训机构结构和布局。继续规范发展技能培训，逐步改善培训机构结构，着力推进企业培训发展。建立多层次、多元化的培训市场体系，满足不同企业、不同群体的培训需求。	发挥企业培养技能人才的主体作用 1. 建立学习型企业，确立现代企业培训制度。提升劳动者的技术技能，重点培养就业创业能力、工作能力和职业转换能力。提高新增劳动力就业的资格，实施职业资格证书准入制。 2. 加大企业技能人才培训投入。严格执行按工资总额的1.5%～2.5%提取经费开展培训，增强技能人才培养力度，扩大技能人才培养规模。 3. 拓展技能人才成长通道。例如，建立技能人才与业绩挂钩成长通道；建立企业自主培养技能人才通道；建立职业院校和培训机构培养技能人才通道；建立技能竞赛选拔技能人才通道。

（续上表）

任务	政府	企业
	角色	
技能人才引进	政府在人才引进中扮演协助者的角色，制定相关的引进政策帮助企业获取技能人才 1. 建立约束机制，实施就业准入制度和职业资格证书制度。建立统一的职业技能鉴定标准和操作流程，实现区域内职业资格互认。 2. 建立公共服务平台，建立技能人才服务体系。为技能人才在区域内自由流动与交流提供有利条件和平台。 3. 建立技能人才开发与整合的法律保障体系。加强技能人才保障工作，把技能人才全部纳入社会保障覆盖范围。 4. 提升区域优势，完善技能人才发展环境。	企业是人才引进和使用的主体 1. 拓展技能人才引进渠道。积极参与或是举办各类型的技能人才交流会和技能竞赛活动，挖掘企业所需的技能人才。 2. 提升技能人才在企业中的待遇。制定高技能人才市场工资指导价位，满足技能人才的成长与发展需要。 3. 加强技能人才测评考试工作。通过专业化的人才测评系统和统一化标准人事考试，实现企业用准人、用好人的目标。
技能人才激励	在宏观层面上进行技能人才激励 1. 建立技能人才津贴制度。对政府认定的达到一定资格等级的急需技能人才给予一定的技能津贴，提高其待遇并增强其荣誉感。 2. 制定并实施紧缺技能培训补贴制度。对紧缺高技能人才实行一定的技能培训经费补贴，降低技能人才本人参加培训的成本。 3. 制定技能人才激励制度。帮助企业建立员工培训、考核、使用、待遇相结合的激励制度，实现员工凭技能高低得到使用提升，凭业绩大小确定收入分配的目标。	企业是人才激励的执行主体，在微观层面上进行激励 1. 转变对技能人才激励的观念。重视技能人才的地位和作用，实施多元化与多层次相结合的激励模式。 2. 建立科学的技能人才评价体系。建立社会化考评、企业认可和政府直接认定“三位一体”的技能人才考核鉴定模式，建立业绩评估体系和激励制度，建立员工培训、考核、使用、待遇相结合的激励制度。

（续上表）

任务	政府	企业
	角色	
技能人才规划	宏观规划调控，根据区域整体需要和自身的特点优势制定符合经济社会发展的技能人才开发与发展规划，给予地方政府和企事业单位政策性指导。 制定规划时需注意：明确目标；科学统计；统筹兼顾；因地制宜。	在政府宏观调控的基础上，调整企业技能人才发展战略，使企业战略发展、生产经营计划与技能人才的替补计划、发展计划相结合。

总体来说，在高技能人才培养过程中，应充分发挥政府的主导作用，确保高技能人才培养健康有序、卓有成效地进行。政府是高技能人才培养的重要主体，也是高技能人才培养政策的决策者和组织者，在高技能人才培养过程中起主导作用，在建立政府主导高技能人才培养模式方面，一是明确目标，制定规划。二是加强政策引导，吸引人才。三是加大资金投入。四是建立激励机制。比如，技师政府津贴制度；高技能人才政府奖励制度；紧缺人才培训政府津贴；技能人才工作室与成果奖励制度；评选青年首席技师制度；建立个人万元培训账户；启动高技能人才培养资助计划；技能竞赛选拔优秀人才制度；设立高技能人才培养专项经费制度等。

高技能人才是企业生产建设的核心骨干，是推动技术创新和技术成果转化的重要力量。培养与使用，是高技能人才队伍建设工作的核心。合理确定企业技能人才梯次结构是企业高技能人才队伍建设的基础之一。标准是技能人才培养与评价的依据，应实行标准的分级和动态管理。要加快企业高技能人才及后备力量的培养。要充分发挥高技能人才的作用并给予相应的待遇，稳定高技能人才队伍，重点解决观念、政策和使用问题，充分做到人尽其才、留住人才。

毫无疑问，泛珠三角技能人才的开发与整合是一项势在必行且刻不容缓的大工程。泛珠三角优越的地理区位、地区经济潜力、政府鼎力支持、企业需求以及日渐完善的人才市场，为泛珠三角的技能人才整合与泛珠三角区域技能人才整合体系的构筑奠定了坚实的基础。

虽然泛珠三角技能人才整合是一项较为复杂和艰巨的工程，但只要区域内各地方政府在技能人才整合体系的框架下，进一步突破法制、管理和投入体制性障碍，完善技能人才服务体系和保障制度，拓展技能人才成长通道，创建技能人才评价新体系，建立健全技能人才津贴制度、紧缺技能培训补贴制度和技能人才激励制度等三大制度，以及加强人力资源职业能力建设，必定能实现泛珠区域技能人才的优化整合，提升区域总体竞争力，在国际竞争中立于不败之地。

第五章 泛珠三角企业技能人才工作满意度调查及改进建议
——以深圳为例

现代企业管理开始从“以利益为中心”的激励机制扩展到了“以人为本、高满意度”的双重管理目的。工作满意度成了企业诊断的评价依据，如果企业管理者掌握了员工工作满意度状况，一方面可以明确企业在管理中存在的问题，并根据问题为员工发展提供具体的反馈意见，通过改进政策、工作条件来满足其需求；另一方面，获得满意度的调查结果对于管理者做好员工管理工作可起到提醒、促进的作用。由于深圳市技能人才特点在泛珠三角有一定的典型性，因此，以深圳为例进行调研分析，在一定程度上揭示了泛珠三角区域技能人才的工作状况与心理需求，为研究区域内其他城市技能人才需求状况提供了思路。

目前对深圳技能人才的研究更多地表现在宏观政策和制度方面，而对技能人才群体自身的研究基本没有，因此，本研究从技能人才自身的角度出发，利用工作满意度调查的研究方法，分析深圳市技能人才的工作满意度现状及存在的问题，并为提高技能人才工作满意度及改进其生存状况提出相关的建议与对策。

一、研究理论综述

（一）工作满意度的定义

工作满意度，也叫满意感，属于组织行为学的概念，是一种态度。工作满意度的正式研究始自 Hoppock（1935）发表的博士论文《工作满意度》（*Job Satisfaction*）一书，该书首度提出了工作满意度的概念。[①]此后，许多著名学者都研究和探讨了工作满意度的问题，并给出了相关的定义。如 Vroom（1964）认为工作满意度是一个人对目前工作角色之正向取向[②]；Locke（1969）将工作满意度界定为因工作成就感或工作促进了价值实现的评价而产生的愉悦情感状态[③]；Robbins（1992）认为工作满意度是个人对工作抱持的一般性态度，即员工认为从工作中应得的报偿和实际报偿间的差距[④]。纵观工作满意度的众多定义，至少存在一个共识，即工作满意度是一种对工作情境不同构面的心理反应或态度。大量研究表明，员工的工作满意度与其工作绩效、离职率、缺勤率有着密切的关系。

（二）工作满意度的评价维度与测量

目前，关于满意度研究较多的是组织行为学和社会心理学领域，主要研究工作满意度的影响因素，即维度。在国外，最先开展类似的研究是 1920 年的霍桑试验，研究结果显示，工人对工作具有情感，人际关系和工作态度因素影响工作的积极性和生产效率。Hoppock（1935）主要从影响工作满意度的工作内容、工作条件等物质属性因素来进行考虑，并未对工作满意度自身的结构进行探索。[⑤] Vroom（1964）提出，工作满意度主要构成因素包括管理、提升、工作内容、上司、待遇、工作条件、工作伙伴等七个方面。[⑥] Locke（1969）视工作满意度为工作评价之情绪反应，此评价乃是个人对工作上各个方面所产生不同认知的函数，主要因素是有关工作内容、工作条件、工作环境等情境方面的因素。[⑦] Friedlander（1971）从社会环境和员工的心理动机出发，认为社会及技术环境因素、自我实现因素、被人承认的因素是工作满意度的组成维度。[⑧] 关于工作满意度的测度

---

① Hoppock, R. *Job Satisfaction*. New York: Harper & Brother, 1935.

② Vroom, V. H. *Work and Motivation*. New York: Wiley, 1964.

③ Locke, E. A. What is Job Satisfaction? *Organizational Behavior and Human Performance*, 1969 (4): 309 - 336.

④ Robbins, Stephen, P. *Organization Behavior* (6th ed.) New Jersey: Prentice - Hall, 1992.

⑤ Hoppock, R. *Job Satisfaction*. New York: Harper & Brother, 1935.

⑥ Vroom, V. H. *Work and Motivation*. New York: Wiley, 1964.

⑦ Locke, E. A. What is Job Satisfaction? *Organizational Behavior and Human Performance*, 1969 (4): 309 - 336.

⑧ Friedlander, F. & Greenberg, S. Effect of Job Attitudes, Training and Organizational Climate on Performance of the Hardcore Unemployed. *Journal of Applied Psychology*, 1971, 55: 287 - 295.

理论模型有多种，如工作特征模型（JC - Model）、工作要求控制模型（JDC - Model）、要求控制支持模型（DCS - Model）等。而针对员工满意度调查的测量工具也有多种，其中影响比较大的是明尼苏达满意度量表和工作描述指标量表。Weiss 等人（1967）设计的明尼苏达工作满意度调查表（MSQ，Minnesota Satisfaction Questionnaire）分为长式量表（21 个量表）和短式量表（3 个分量表）。短式量表包括内在满意度、外在满意度和一般满意度三个分量表。① Smith 等（1969）设计的工作描述指数（JDI，Job Descriptive Index）提出员工工作满意度程度可以从工作本身、上司督导、工作伙伴、薪资和升职等五个不同构面加以衡量。②

国内许多学者根据国外学者的研究进行了工作满意维度的本土化研究。比如，俞文钊（1996）通过对 128 名合资企业的员工进行研究发现影响员工总体工作满意度的因素主要有七个：个人因素、领导因素、工作特性、工作条件、福利待遇、报酬工资、同事关系。③邢占军（2001）通过对国有大中型企业职工的研究表明，工作满意度主要由物资满意度、社会关系满意度、自身状况满意度、家庭生活满意度、社会变革满意度等五个维度构成。④ 卢嘉、时勘等（2001）提出工作满意度量表的结构包括五个方面：管理措施（管理制度、客户服务、质量管理、参与管理）、领导行为（管理者、工作认可）、工作回报（报酬、福利、培训、工作环境）、工作协作（同事、沟通、尊重）、工作本身（工作胜任感、成就感、安全感）等。⑤

通过文献回顾发现，国内外学者在测量工作满意度时，不论选取哪种量表和模型，很少有研究针对各维度对整体工作满意度的影响程度加以区分，往往是将员工工作满意度各维度的评定简单加总得出总体的一般满意度。事实上，这些方法得出的满意度的高低在很大

---

① Weiss，D. J.，Dawis，R. V.，England，G. W. & Lofquist，L. H. *Manual for the Minnesota Satisfaction Questionnaire*. Minneapolis：University of Minnesota，Industrial Relations Center，1967.

② Smith，P. C.，Kendall，L. M. & Hulin，C. L. *The Measurement of Satisfaction in Work and Retirement*. Chicago：Rand McNally，1969.

③ 俞文钊. 合资企业的跨文化管理. 北京人民教育出版社，1996

④ 邢占军. 国有大型企业员工满意感研究. 心理科学，2001（2）：191 ~ 193

⑤ 卢嘉，时勘，杨继锋. 工作满意度的评价结构和方法. 中国人力资源开发，2001（1）：15 ~ 17

程度上是不可靠的，因为员工的需要是不同的，他们对满意度的维度的偏爱是有差异的。但从目前的文献研究来看，很少有文献专门针对技能人才工作满意度的问题进行深入研究。本文通过实证研究来探讨技能人才工作满意度各构成维度对整体工作满意度的影响程度，为企业制定技能人才管理的相关政策，并采取相应措施，以满足技能人才的需求，从而提高技能人才的工作满意度，提供理论依据和实践指导。

（三）工作满意度研究的意义

工作满意度与工作绩效、离职率和缺勤率有很大的关系。早在20世纪初，就有学者提出了“快乐即为生产力”模型。这表明，工作满意度与工作绩效有联系。工作满意度低的员工往往得不到良好的激励，对工作的积极性不高，因而其缺勤率较高。研究证明，满意度与离职率是负相关的关系，离职率是指一定时期内离开组织的员工人数占总人数的比例。

员工工作满意度调查现在越来越受企业的关注，很多企业都会定期地对员工进行满意度调查。其目的是提高员工的工作绩效，降低员工流失率。提高员工的工作满意度可以满足员工的需求，从而提高员工的积极性和工作绩效，降低离职率与缺勤率，为企业创造更多的利润。因此，工作满意度的研究具有重要的现实意义，可以及时反映企业员工工作满意度的现状，并对企业的管理和制度作出诊断。

二、研究背景与研究设计

（一）研究背景

1. 深圳技能人才的基本状况

深圳市统计部门公布，2003年底深圳市从业人员422.29万人，其中第一产业4.24万人，占1%；第二产业240.82万人，占57.03%；第三产业177.24万人，占41.97%。[①] 深圳外来劳动力占绝大多数，其中，暂住劳动者集中在第二产业就业，而户籍劳动者集中在第三产业就业。

---

① 深圳市劳动和社会保障局. 深圳技能人才调查. 海天出版社，2005. 57

在全市常住劳动人口中，技能人才总量为142万人。其中，高级工以上（包含技师、高级技师）10.9万人，中级工41.4万人，初级工90万人，分别占技工队伍的比重为7.8%、29%、63.2%。[①]

2. 深圳技能人才产业、行业的分布情况

据2004年“全国技能人才和岗位空缺调查”对全市849家用人单位的调查，深圳市技能人才的分布呈现以下特点：

第一，技能人才的产业分布与从业人员产业分布呈现一致性，第二产业在总体分布和等级分布上均排名第一。2003年底，被调查企业的技能人才全部集中在第二和第三产业，其中，第二产业占91.99%，各个等级的技能人才在第二产业和第三产业的分布上与总体基本一致，即第二、三产业所占比例都超过或接近90%，同时，第二产业和第三产业中的技能人才等级结构也基本一致，具体可见表5.1、表5.2和表5.3。[②]

表5.1 技能人才的产业分布情况

	高级技师	技师	高级工	中级工	初级工	技能人才
第二产业	712	1 670	4 724	15 439	42 716	65 261
第三产业	47	196	377	1 567	3 497	5 684
总计	759	1 866	1 501	17 006	46 213	70 945

表5.2 技能人才的产业分布结构

单位：%

	高级技师	技师	高级工	中级工	初级工	技能人才
第二产业	93.81	89.50	92.61	90.79	92.43	91.99
第三产业	6.19	10.50	7.39	9.21	7.57	8.01
总计	100	100	100	100	100	100

① 深圳市劳动和社会保障局．深圳技能人才调查．海天出版社，2005．47

② 深圳市劳动和社会保障局．深圳技能人才调查．海天出版社，2005．59

表 5.3　各产业技能人才的等级结构

单位：%

	高级技师	技师	高级工	中级工	初级工	技能人才
第二产业	1.09	2.56	7.24	23.66	65.45	100
第三产业	0.83	3.45	6.63	27.57	61.52	100
总计	1.07	2.63	7.19	23.97	65.14	100

第二，技能人才相对集中在制造业、建筑业等少数行业。2003年底，制造业中的技能人才占全部技能人才总数的67.52%，建筑业的技能人才占23.10%。如表5.4所示，在各等级的技能人才中，中级工和初级工的技能人才在各行业中的分布与全部技能人才的行业分布结构接近；高级技师则更集中在制造业，占80.11%。

表 5.4　技能人才行业分布结构情况

单位：%

	技能人才总比例	高级技师比例	技师比例	高级工比例	中级工比例	初级工比例
制造业	67.52	80.11	73.74	55.24	64.87	69.39
电力、燃气及水的生产和供应业	1.37	1.71	2.52	1.96	0.69	1.50
建筑业	23.10	11.99	13.24	35.40	25.23	21.54
交通运输、仓储和邮政业	2.15	2.37	3.59	1.02	2.58	2.06
信息传输、计算机服务和软件业	0.47	1.45	0.91	0.71	0.61	0.36
批发和零售业	2.79	0.40	2.36	2.35	3.72	2.55
住宿和餐饮业	0.83	0.53	1.13	1.49	0.88	0.73
金融业	0.03	0.00	0.00	0.04	0.08	0.01
房地产	0.52	0.26	0.21	0.31	0.18	0.68
租赁和商务服务业	0.24	0.66	1.34	0.39	0.18	0.20

(续上表)

	技能人才总比例	高级技师比例	技师比例	高级工比例	中级工比例	初级工比例
科学研究、技术服务和地质勘察业	0.06	0.13	0.00	0.10	0.04	0.06
水利、环境和公共设备管理业	0.01	0.13	0.00	0.00	0.01	0.00
居民服务和其他服务业	0.81	0.13	0.70	0.92	0.84	0.80
教育	0.02	0.00	0.00	0.00	0.02	0.02
文化、体育和娱乐业	0.04	0.13	0.27	0.06	0.01	0.04
公共管理和社会组织	0.05	0.00	0.00	0.00	0.07	0.05
总计	100	100	100	100	100	100

资料来源：吴军军，陆晔. 深圳市技能人才产业行业分布及需求状况分析，2005-05-11

第三，各行业的技能人才等级结构比较接近，见表5.5。总体上，技能人才的技术等级结构依次是：高级技师占1.07%，技师占2.63%，高级工占7.19%，中级工占23.97%，初级工占65.14%。

表5.5 各行业的技能人才等级结构情况

单位：%

	技能人才总比例	高级技师比例	技师比例	高级工比例	中级工比例	初级工比例
制造业	100	1.27	2.87	5.88	23.03	66.94
电力、燃气及水的生产和供应业	100	1.34	4.84	10.29	12.04	71.50
建筑业	100	0.56	1.51	11.02	26.18	60.74
交通运输、仓储和邮政业	100	1.18	4.38	3.40	28.66	62.37

（续上表）

	技能人才总比例	高级技师比例	技师比例	高级工比例	中级工比例	初级工比例
信息传输、计算机服务和软件业	100	3.30	5.11	10.81	30.93	49.85
批发和零售业	100	0.15	2.22	6.07	32.00	59.56
住宿和餐饮业	100	0.68	3.56	12.88	25.24	57.46
金融业	100	0.00	0.00	10.00	65.00	25.00
房地产	100	0.54	1.09	4.36	8.45	85.56
租赁和商务服务业	100	2.92	14.62	11.70	17.54	53.22
科学研究、技术服务和地质勘查业	100	2.44	0.00	12.20	17.07	68.29
水利、环境和公共设备管理业	100	25	0.00	0.00	50.00	25.00
居民服务和其他服务业	100	0.17	2.26	8.17	24.87	64.52
教育	100	0.00	0.00	0.00	27.27	72.73
文化、体育和娱乐业	100	3.54	17.24	10.34	6.90	62.07
公共管理和社会组织	100	0.00	0.00	0.00	32.43	67.57
总计	100	1.07	2.63	7.19	23.97	65.14

资料来源：吴军军，陆晔．深圳市技能人才产业行业分布及需求状况分析，2005－05－11

（二）研究设计

本次研究采用问卷调查法和访谈法。首先根据满意度研究的相关量表设计出技能人才的工作满意度指标，然后设计出问卷，采用随机抽样调查的方法进行调查。访谈法是在调查的过程中，与企业人力资源管理部门的相关人员进行访谈，了解技术人员的工作满意度和企业管理的情况。

问卷设计是在参考了相关的满意度调查问卷和国外的一些调查量表的基础上，并结合深圳技能人才的实际情况设计的。问卷共分三部分：第一部分为个人基本资料，包括是否具备职业技术等级认证、从事职务的技术等级、受教育程度、工资水平、工龄等五项内容；第二部分为满意度具体情况，包括六个指标维度，分别为工作本身、工作条件、工作回报、工作群体、角色地位和组织认同，共26个具体的评价项目，运用层次分析法（AHP）（见图5.1），利用利克特五点量表法进行设计，分别让被调查者从重要性和满意度进行打分（1～5分）；第三部分为开放题目，针对满意度问题提出看法和建议。

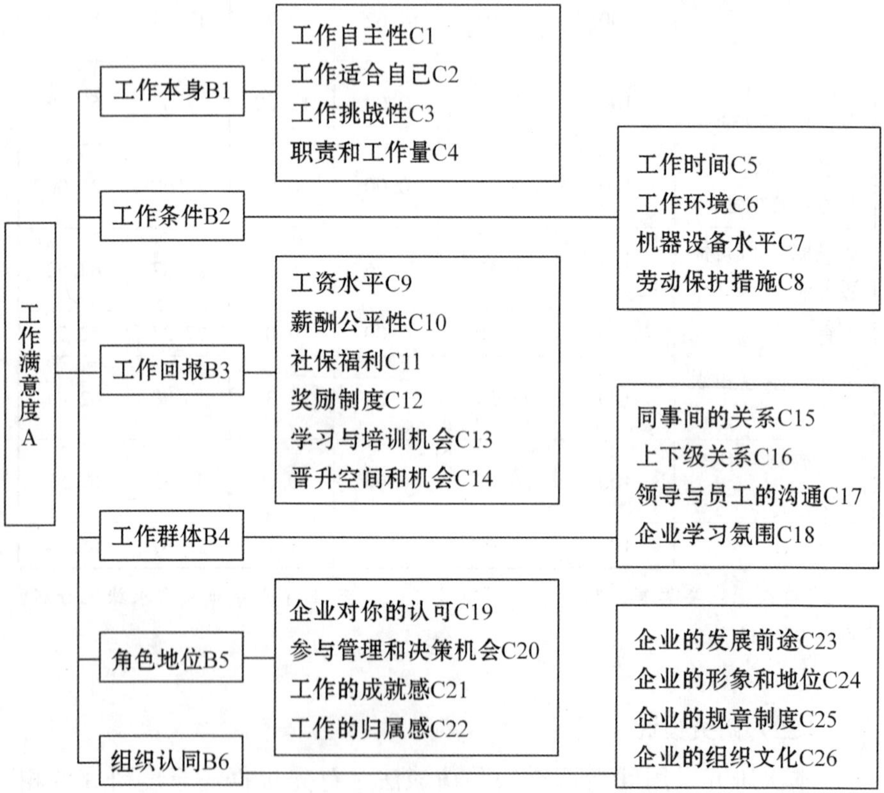

图5.1 工作满意度的AHP分析模型

三、调查研究分析

（一）调查样本说明

本次调查采用抽样调查方法，受访者集中在制造业和电子信息行业，共发放120份问卷，回收110份，回收率91.67%，有效问卷104份，有效率94.55%。本次调查结果采用SPSS13.0统计软件进行数据统计。

在调查中，受访者通过职业技术等级鉴定的有59人，占调查者的56.7%。在从事职务的技术等级的受访者中（包括没有职业技术等级鉴定的），主要是从事中级技术的技能人才，占51.5%，如表5.6所示。

受访者的教育程度大部分是大专及大专以下，其中，高中（中专）的占31.7%，大专的占29.8%，而初中文化程度的占18.4%，本科学历的占13.5%。

表5.6 受访者的技术等级分布表

	频次	有效百分比（%）	累计百分比（%）
不知道	7	6.8	6.8
初级	23	22.3	29.1
中级	53	51.5	80.6
高级	20	19.4	100.0
累计	103	100.0	—
缺失值	1	—	—
总计	104	—	—

在调查样本中，受访者中超过一半的技术工人工资在2 000元以下，占51.0%，工资在2 001～3 000元的占23%，3 001～5 000元占17.3%，5 000元以上的只有8.7%。

工龄方面，从事技术类工作1年以内的占28.8%，1～3年的占32.7%，3～5年的占23.1%，5～10年的占10.6%，10年以上的只有3.8%。

（二）调查结论分析

1. 基本统计结果

本次调查共分为两部分，对指标的重要性评价和满意度评价，采用五点利克特计分法。利用SPSS13.0统计软件进行描述性统计，并对各指标进行排序，得出以下统计信息表，如表5.7所示。

表5.7 工作满意度指标描述性统计信息

因素	指标	重要性（t）			满意度（s）		
		排序	平均分	标准差	排序	平均分	标准差
工作本身B1	工作自主性C1	1	4.01	0.970	1	3.61	0.910
	工作适合自己C2	3	3.98	0.950	4	3.42	0.982
	工作挑战性C3	4	3.91	0.946	3	3.52	1.092
	职责和工作量C4	2	4.00	0.903	2	3.54	1.118
工作条件B2	工作时间C5	4	3.83	0.960	2	3.29	1.244
	工作环境C6	3	3.86	0.999	3	3.11	1.028
	机器设备水平C7	1	3.91	0.951	1	3.38	1.156
	劳动保护措施C8	2	3.89	1.075	4	3.08	1.166
工作回报B3	工资水平C9	1	4.03	0.960	4	2.82	1.095
	薪酬公平性C10	4	3.80	1.009	3	2.88	1.121
	社保福利C11	5	3.58	1.331	5	2.65	1.341
	奖励制度C12	6	3.32	1.168	6	2.63	1.099
	学习与培训机会C13	2	3.95	1.127	1	3.13	1.236
	晋升空间和机会C14	3	3.88	0.963	2	3.09	1.025
工作群体B4	同事间的关系C15	2	4.16	0.883	1	3.88	0.952
	上下级的关系C16	1	4.21	0.855	2	3.69	1.076
	领导与员工的沟通C17	3	3.92	1.031	3	3.35	1.139
	企业学习氛围C18	4	3.65	1.059	4	3.08	1.058

（续上表）

因素	指标	重要性（t）			满意度（s）		
		排序	平均分	标准差	排序	平均分	标准差
角色地位B5	企业的认可程度 C19	2	3.83	0.918	2	3.16	1.007
	参与管理和决策机会 C20	4	3.24	1.093	4	2.79	0.952
	工作的成就感 C21	1	3.87	1.071	1	3.22	1.079
	工作的归属感 C22	3	3.68	1.050	3	3.10	1.043
组织认同B6	企业的发展前途 C23	1	4.07	1.026	2	3.10	1.128
	企业的形象和地位 C24	2	3.87	1.053	1	3.13	1.141
	企业的规章制度 C25	3	3.70	0.974	3	3.05	1.118
	企业的组织文化 C26	4	3.70	1.004	4	3.02	1.106

2. 技能人才对工作中各项指标都比较看重

由表 5.7 我们可以看到，受访者在对各指标进行重要性评价时，基本都趋向于比较重要，其中分数排在前面的指标有工作自主性 C1（4.01）、职责和工作量 C4（4.00）、工资水平 C9（4.03）、上下级关系 C16（4.21）、同事间的关系 C15（4.16）和企业的发展前途 C23（4.07）六个。而奖励制度 C12（3.32）、参与管理和决策机会 C20（3.24）和社保福利 C11（3.58）这三个指标的平均分相对于其他指标是最低的。据统计，在六个维度中，技能人才比较看重的前三个因素分别是工作群体（3.985）、工作本身（3.975）和工作条件（3.8725），如表 5.8 所示。

相对于 B 层各因素中，在工作本身 B1 中工作自主性 C1 是最为重要的，其次是工作中的职责和工作量 C4；在工作条件中 B2，机器设备水平 C7 和劳动保护措施 C8 比较看重，这跟技能人才工作的特殊性有关，他们较多的是接触机器；在工作回报 B3 中，技能人才比较看重工资水平 C9 和学习与培训机会 C13；在工作群体 B4 中，上下级的关系 C16 最重要，这在全部的指标中也是最为关注和看重的；在对角色地位 B5 的评价中，技能人才比较强调工作的成就感 C21 和企业的认可程度 C19；在组织认同 B6 方面，企业的发展前途 C23 比较受关注和看重，其次是企业的形象和地位 C24。

3. 技能人才对工作回报的现状比较不满意

由表 5.7 我们可以对各个指标的得分有一个清晰的了解，受访者对工作回报的各个指标的满意度普遍较低。其中，对目前企业提供的奖励制度满意度平均分只有 2.63，比较不满意；对企业支付的工资水平、内部的薪酬公平性和企业提供的社保福利都比较不满意。另外，在角色地位中，对参与管理和决策的机会也比较不满意，满意度只有 2.79。其他的指标基本上都是一般满意。

根据对以上指标统计的基本信息，我们将每个因素中的各个指标进行加总，并求出平均值，从而计算出各工作满意度因素的平均分，如表 5.8 所示。

表 5.8 满意度指标分析

项目＼因素		工作本身 B1	工作条件 B2	工作回报 B3	工作群体 B4	角色地位 B5	组织认同 B6
重要性	平均分	3.975	3.8725	3.76	3.985	3.655	3.835
	排序	2	3	5	1	6	4
满意度	平均分	3.975	3.8725	2.86	3.5	3.0675	3.075
	排序	1	2	6	3	5	4

通过以上结果，我们可以看出，在六个维度的因素中，比较看重的前三个因素分别是工作群体、工作本身和工作条件。而工作满意度方面，比较满意的前三个因素是工作本身、工作条件和工作群体。而工作回报的满意度只有 2.86，没有达到满意的水平。

4. 技能人才工作满意度受工龄、工资和学历等因素的影响

有研究表明，工作满意度受人口统计特征影响，包括年龄、性别、年资、婚姻状况、学历和职位等。调查中发现，不同级别的技能人才对各指标的看重程度基本趋于一致，而对目前工作现状的满意度，不同等级的技能人才却表现出不同的评价，如图 5.2、图 5.3 所示。

总体来说，等级越高的人对目前工作的满意度越高，高级技能人才对工作的满意度高于平均水平，而中级的更趋向于平均值，初级技

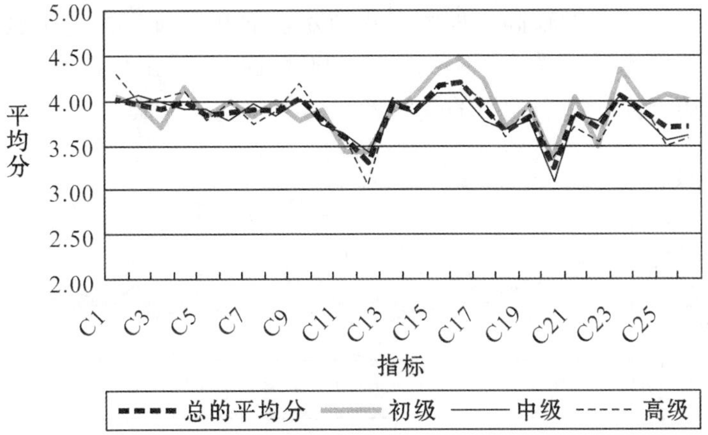

图 5.2　各项指标重要性的平均分情况

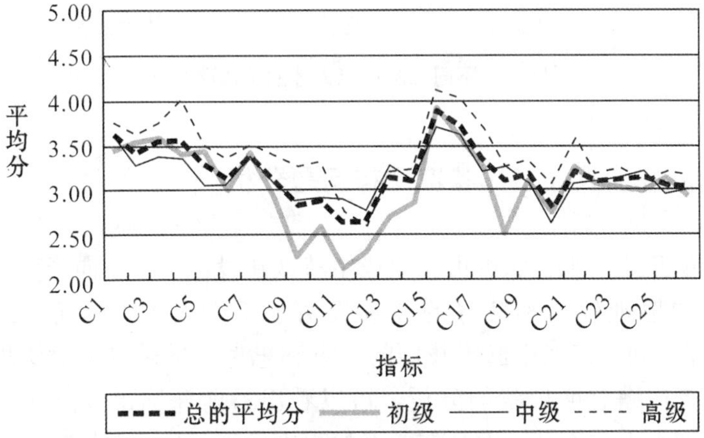

图 5.3　不同级别技能人才的满意度

能人才的满意度基本低于平均值。特别是工作回报因素中，初级技能人才的满意度明显低于其他等级的人。目前在深圳，不同级别的技能人才的工资存在很大的差别。从调查中可以看出，一般初级工的工资都在 2 000 元以下，初级工又往往工作在生产线上，工作强度比较大。

另外，不同工龄的技能人才反映的工作满意度也不同。受访者中，1～3 年的技能人才的工作满意度总体上比较低，5～10 年的技能人才的工作满意度较高，如图 5.4 所示。而在工资方面，工资越低，工作满意度越低，受访者中工资在 2 000 元以下的工作满意度都比较低。学历方面，高中学历的受访者工作满意度比较低。

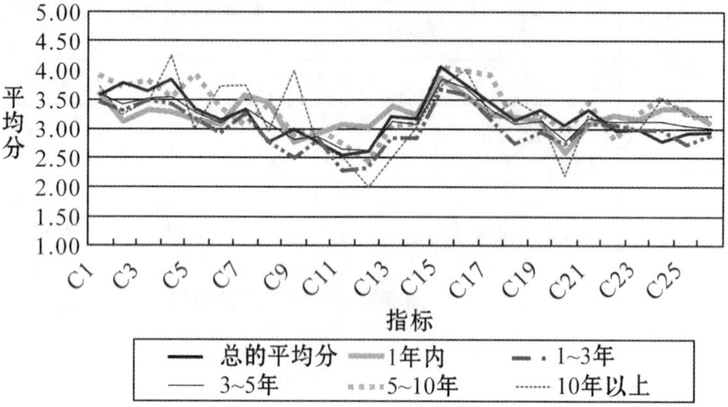

图 5.4　不同工龄技能人才的工作满意度

四、技能人才工作状况现存问题分析

改革开放以来，深圳市在完成了特区建设后逐步走向成熟，也以其优越的地理位置和美好的前景吸引了不少人才，然而，近年来"技工荒"问题确实引起了我们的反省和思考。通过以上对深圳市技能人才工作满意度现状的分析，可以看出目前深圳市技能人才的工作满意度水平并不高，而且在访谈过程中发现，目前深圳市很多制造业中技能人才的激励与管理存在一定的问题，具体表现在以下四个方面。

（一）技能人才的工作回报不容乐观

深圳较全国其他城市的消费水平比较高，在深圳，工资水平自然是人们比较关注的因素。调查显示，受访者对目前的工作回报的满意度平均分是 2.86，比较不满意。调查中，不少员工反映企业有拖欠工资的现象。其中，受访者对企业提供的奖励制度满意度只有 2.63，对企业支付的工资水平、内部的薪酬公平性和企业提供的社保福利都是比较不满意。调查得到的数据表明，技能人才总体的平均工资水平并不高，受访者中有超过一半的工资是在 2 000 元以下。另外，目前深圳市的技能级别工资的差距也是很大的，高级工，特别是技师和高级技师的工资都很高。据报道，2005 年深圳市高级技师高位数的工资达到了 19 632 元，中位数为 5 800 元，低位数为 5 112 元。① 但是，初级技术人员的工资却比较低。因此，受访者对于薪酬的公平性不是很满意，满意度只有 2. 88。

（二）管理体制不完善，缺乏有效的激励机制

员工工作满意度与公司的激励制度有很大的关系。调查中有受访者反映，目前，很多企业吸引和留住技能人才的主要方式是提高薪酬待遇，但是通过我们以上的调查发现，除了工作回报，技能人才对其他的非物质因素也是很看重的，受访者对企业中同事间的关系、领导与员工的关系以及企业的发展前景的看重程度分别是 4. 16、4. 21 和 4. 07。

企业仍存在管理体制不完善，拖欠工资，工作时间不稳定，经常加班，工作中机器声音太大，工作休息时间没有合理安排等现象，而且公司提供的宿舍、食堂条件都很差。技术工人很多都是工作在生产线上的，其工作条件和工作环境对其影响很大。特别是初级技工，都是在环境恶劣、强度大、加班时间长等条件下工作的。另外，受访者对参与企业决策的满意度只有 2. 79，比较不满意。参与企业决策机会是员工受重视的表现，可以提高员工的企业归属感。目前制造业中的企业对于技能人才的激励基本上只有物质方面的，局限于奖金和绩效工资，而往往忽视了非物质的激励方式。

（三）企业对组织文化建设不够重视

企业文化是企业的无形资产，它能够影响员工的行为，好的企业文化能够激励员工，使员工具有归属感，从而更愿意留在企业为企业作贡献。越来越多的企业开始注重企业文化的建设，认识到企业文化对吸引和留住员工发挥着重要的作用。我们采访了深圳两家制造型企业，深圳市 MS 电子科技有限公司和深圳市 BD 印刷有限公司，这

① 杨丽萍. 深圳：高技能人才工资继续看涨. 南方网，2005 - 07 - 25. http：//job. southcn. com/salary/200507250493. htm

两家企业都是深圳的民营企业，规模属于中小型。在访谈中，两家企业的负责人都谈到了企业文化对技能人才激励的作用，能够提高员工的积极性和对企业的归属感，但是，目前很多的民营企业对企业文化建设都很欠缺，企业文化建设面临很大的困难和障碍，例如，企业老板不支持、资金问题等。

（四）技能人才储备不足，企业忽视对技能人才的开发与培养

2004 年，深圳市职业教育机构 21 所，其中高等职业技术院校 5 所，中等职业学校 16 所。按“所有制”划分，职业机构中民办机构 5 所，公办机构 16 所①。深圳市职业培训的投资渠道主要有政府、企业和民间三条。据深圳市劳动和社会保障局调查，深圳技能人才培养与发展存在三个问题：第一，体制障碍问题，包括法律体制、投入体制及职业教育和培养管理体制；第二，技能结构与产业结构相适应的问题，包括技能人才短缺不适应市场需求和技能结构不适应产业结构调整需要；第三，技能人才与经济社会发展相适应的问题，包括政策支持力度不够、基础设施建设陈旧和教研教改滞后。

目前，很多企业忽视技能人才的开发和培养，注重短期效益，不顾长远利益，不愿花成本对技能人才进行培训。很多技术工人都是入职前只有简单的岗前培训，之后就没有继续的培训跟踪。在访谈中，人力资源管理人员反映，公司每年都会做一些培训计划，但是执行起来相对较差，原因是得不到老板的认可，另外，培训所要承担的风险高，成本也高。而技能人才对企业提供的学习和培训机会是非常看重的（平均分为 3.95）。真正适用于企业，能够发挥更好技能作用的技术工人更需要经过长时期的实践和学习。企业忽视对技能人才的技术培训，也是导致技术工人短缺的一个主要原因。

五、改进技能人才工作状况的建议与对策

为了更好地解决“技工荒”现象，吸引适合企业的技能人才，目前制造行业中的民营企业开始重视技能人才的激励，都在采取相

---

① 深圳职业教育一年培训超过 220 万人次．深圳商报，2005－09－13．http：//www.lm.gov.cn/gb/training/2005－09/13/content_85708.htm

关措施提高技能人才的工作满意度。通过调查访谈，我们了解到企业一般采取的措施有：薪资激励，包括提高工资、增加奖金；职位晋升，以此激励和留住公司的技术人员；提高福利，包括住宿等方面；建立企业文化，培养和增加员工的归属感。针对以上分析存在的问题，通过调查和访谈表明，提高技能人才工作满意度必须充分发挥政府和企业不同角色的地位和作用，具体表现在以下五个方面。

（一）满足技能人才的各种需求，建立合理有效的激励制度

针对目前技能人才对工作回报的不满意现象，企业应该提高技能人才的工资待遇。访谈过程中，管理者反映目前对技能人才的激励措施中，薪酬激励发挥的作用比较大。在调查中，我们还了解到工资水平在2 000元以下的技能人才的工作满意度也比较低，一个企业，初级技工虽然技术等级不是很高，但是他们工作在生产第一线上，是企业基本的生产来源。因此，企业应该适当地提高工资底薪，确保初级技能人才的基本生活保障。

针对不同等级的技能人才的特征和需求，企业应该制定不同的薪酬和激励制度。在调查中我们发现，工龄为1～3年的技能人才的工作满意度相对于其他是比较低的。这一群体在企业做了一年以上，基本了解和熟悉了企业的工作制度，他们的流动直接决定了企业的发展和效益，企业首先应该重视这一群体的需求，适当地提供一些技术培训或其他的发展机会，以留住一些优秀的员工。

另外，薪酬制度方面，要注重内部的公平性。调查显示，目前技能人才对薪酬内部的公平性是比较不满意的。根据Adams（1963）的公平理论，工作满意度的产生来自员工将自己的受益和他人相比较的结果。薪酬的公平性比薪酬的种类和数量更能激发员工的工作动机和行为。所以，企业首先应该建立以技能为导向的评估体系和薪酬制度，注重内部的公平性，鼓励技能人才注重技能的获得和提高。[①]其次要加强员工福利。在深圳，吃住是目前员工比较关注的，特别是制造业工厂类的企业，更加要重视员工的住宿和饮食问题，合理安排员工的食宿，提高员工的福利。

---

① 周颖．民营企业员工工作满意度研究．开商网，2006－12－11．http://www.kesum.cn/zjzx/zjgd/200612/33240.html

通过调查我们看到，员工除了在工作回报方面的关注外，更看重工作中员工间的关系和上下级间的关系。在26个指标的调查中，员工关系和上下级关系是技能人才最看重的两个因素，因此，企业应该致力于建立和谐的工作关系，以便更好地激励员工。

要吸引更多的技能人才，增加技能人才的供给量，最直接的方法是调整对技能人才的购买价格，但由于目前深圳市劳动力市场的市场机制还不完善，再加上市场调节本身存在一定的滞后性，因此，单靠市场对技能人才工资价格进行调整显然是不够的。针对这一点，深圳市政府应该创建一个完善的技能人才工资价格指导系统，引导市场正常发展，令技能人才工资价格能够达到符合市场供求均衡的水平。

虽然自1999年以来，深圳劳动和社会保障局便开始发布劳动力市场工资指导价位，其中也包括了技能人才的工资指导价位，但是这对于需求庞大的技能人才市场来说是不够的。建议从原先的指导价位系统中将技能人才工资价格指导独立出来，再根据实际需要，对需要价格指导的工种进行更加详尽的分类，并且缩短发布的间期一年为半年，使指导价位能够迅速地随着市场的变动而更新。此外，应加大指导价位的公信力和约束力，并对价位的实施状况进行监控和信息反馈。要随时保证技能人才的工资能够达到体现其价值的水平，对相关违法企业进行严厉查处，以此保证深圳市技能人才的质量和数量。

除了工资以外，社会保障制度也是影响技能人才供给数量的一个重大因素，因为企业是否能为技能人才提供完善的社会保障，是一个企业是否重视技能人才的重要标志。

鉴于技能人才的特殊性以及其为促进经济发展的重要作用，政府应尽快促成深圳市目前的社会保障制度的改革，为吸引和留住技能人才创造一个良好的就业环境。目前，深圳市针对技能人才的各种社会保障制度尚未完善，尤其是对技能人才的培训，目前并没有任何有关这方面的强制性条例，只有指导性的条例，这显然不利于技能人才的发展。当然，除了要打击市场上不符合相关规定剥削技能人才权益的企业外，政府还应该定时表彰在技能人才培育、保障工作上表现优秀的企业，为企业重视技能人才创造良好的氛围。

（二）营造尊重技能人才的企业氛围，提高技能人才的社会地位

技能人才在科技进步和经济增长中发挥着重要的作用。一是技能人才在科技成果转化中发挥着不可替代的作用。20 世纪全球经济规模增长 20%，其中发达国家科技成果转化率达到 60% ~80%，科技进步对经济增长的贡献率达到 60% 以上，而我国的科技成果转化率仅为 15%，科技进步的贡献率只有 29%。[①] 二是技能人才对经济增长具有重要的贡献。美国著名经济学家舒尔茨曾经估算，因追加教育培训投资提高劳动力质量，从而对美国国民经济增长的贡献率达到 33%。一项全国性典型调查发现，拥有更多受良好教育培训的技能人才的企业一般就会有高得多的生产率。教育培训年限增加 10%，生产率提高 8.6%。

我国是“官本位”重的国家，企业里存在着工人与管理人员的差异，造成技术工人心理严重失衡，技术工人缺乏社会地位。因此，在科学技术决定生产力的今天，我们应该重视技能人才的作用，提高对技能人才及其社会地位的关注度。企业应该取消干部、工人的界限，重视技能人才，并把对技能人才的关心传达给员工，增加技能人才参与领导的决策机会，要充分授权给核心技术人员。

从物质上保障了技能人才的工作条件之后，就应该从更高层面上来激励和扩大技能人才队伍，提高技能人才的社会地位，改变目前社会上对技能人才的错误认识，转变目前普遍的“唯学历，唯本科”的错误社会观念。

转变社会观念已经成为当务之急，在转变过程中，舆论应走在前头。如何使群众的观念转变过来、更新过来，这是目前最重要的一个问题，目前人们还没有真正认识到技术工人也是人才。要使人们真正认识到上职业高中也叫高中阶段教育，上高职就是上大专，将来毕业以后技术工人就是人才。只有完成了观念的转化，才能从根本上解决目前各大技术学校招生难的问题。政府在这方面应该尽量利用各种媒体的作用，各种大众媒体如网络、报纸、电视等宣传目前深圳的技能人才短缺和工资水平日益调高的状况，让群众丢掉“唯学历”的

---

① 黄全权. 述评：高技能人才是现代化建设的重要力量. 新华网，2004 - 08 - 05. http://news. xinhuanet. com/newscenter/2004 - 08/05/content_1721183. htm

观念，让群众知道成为技能人才也是有前途和钱途的。

另外，政府应起带头作用，率先重视技能人才，调低企业对调入技能人才的门槛，并采取一系列的措施，对高技能人才的住房、配偶工作、子女教育等多方面提供优惠并加快处理的速度。政府还可以定时对有杰出贡献的技能人才进行表彰，并通过各种媒体发布出去，以此增强群众对加入技能人才大军的信心。

（三）加强企业文化建设，营造良好的工作氛围

企业文化是员工在长期生产、经营实践中逐渐形成的共同价值观、信念、行为准则和行为方式的综合体现。从长远来看，企业文化是吸引和留住人才的关键因素，建立积极健康的企业文化，就等于企业有了源源不断的发展动力。构建企业文化，要制定切实可行的企业文化方案，要把企业精神、价值观、经营理念变成具体的规章制度，建立健全规范的内部管理体系和相应的激励与约束机制。另外，企业文化的建设必须从企业的实际出发，认真总结企业自身的优良传统和经营风格，形成有特色、适合企业的企业文化。

（四）注重技能人才的成长发展，提供培训学习机会

有些企业认为目前技能人才欠缺是因为社会教育培养人才的方向存在问题，期望高校可以有针对性地培养技术性人才。其实，技能人才的培养是需要企业和社会共同关注的。企业要充分发挥技能人才特别是高技能人才在培养中的主体作用，建立以职业能力培训为重点，兼顾文化知识和职业道德的培训体系。企业要想在激烈的市场竞争中占据有利地位，主要是靠技术发展和技术进步，因此，企业应该立足于企业的长远目标，积极组织新技术、新知识、新教材、新工艺的培训，提高技能人才的技术档次，适应新技术发展和经济发展的需求。

按照深圳市委、市政府关于培养造就一支庞大的产业技能人才大军的要求，深圳计划在2010年建设一支220万人的产业技工大军，其中高技能人才（技师、高级技师）达到1.2万人，新增1万人。[①] 深圳确立了“本土培养为主，市外引进为辅”的技能人才政策，加

---

① 靖建瑞. 关于加快高技能人才培养的几点建议. 政协深圳市委员会网，2008－08－05. http://www.szzx.gov.cn/news/lxcs/200808/t20080805_392415.htm

大自主培养力度。因此，深圳市应该促进职业院校和培训机构开展技能培养的工作，支持和鼓励院校机构与企业建立技能人才培养的战略伙伴关系，实现本土化培养。

要解决技能人才断绝问题的根本方法是建立健全的技能人才培养体制。因为从外地调入技能人才的数量始终有限，加上目前全国各地都处于对技能人才的争夺战中，从外地流入的技能人才根本就没有办法填补日益扩大的需求空缺。要填补空缺，只能靠本地技能人才的发展和不断积累，而目前在深圳，资金仍然是困扰技能人才培养单位的一个大问题。政府应该进一步加强对职业学校的扶持力度和资金投入。我们可以参考日本的做法，在日本我们可以发现最好的设备都在学校里，因为学校是先学习，学习完了企业再进设备，这个程序非常科学，也同时表明了政府对培养技能人才的重视。

在政府加大投资力度的同时，作为技能人才培训基地的各大技术院校，应该充分发挥职业学校为经济服务的特点，以市场需求为导向，为经济发展服务。职业学校的办学目的就是为了就业服务，这是一个非常明确的宗旨，要做好这一点就必须与市场接轨，否则就很难发展下去。此外，职业学校如果想更好地发展，首先要建立一个全新的教育理念，在理念上与时俱进，比如说现在讲职业教育终身化、现代化，又讲学习型社会、学习型组织，这些理念都是应该树立起来的，这样才能朝着良性循环的方向发展。

（五）创建有效的技能人才评价新体系

摒弃以学历、职称、身份衡量人才的条条框框，建立完善符合市场需要、具有深圳特色的技能人才评价新体系，实现评价标准多元化，评价方式多样化、评价主体多极化（政府、企业、社会认可）。其主要包括五个方面：第一，开发新职业规范，对深圳新兴职业和复合技能的岗位及时吸纳新知识、新技能、新工艺。第二，建立新评价新标准。建立以职业能力为导向，以工作业绩为重点，兼顾职业道德和职业知识的评价新标准。第三，实现“双证沟通”，对职业院校毕业生的学历证书和职业资格证书实现双证互通。第四，创新鉴定方式。对于在不同等级从事技术技能工作的员工，通过实际操作能力认证，授予相应职业资格。第五，授权企业考核并认可考核结果。企业经过 ISO9000 质量认证并遵纪守法，对其员工进行培训考核，政府部门可直接认可其培训考核成果，授予相应的职业资格证书。

广州在这方面有了新的突破，为解决高技能人才评价难题，广州2006年6月选取了广重、广钢、广化、广奥等六家试点企业，选择维修电工、机修钳工和装配钳工三个核心工种，在国家职业标准的框架下，探讨出适合企业生产和技术要求、为企业所认可并能使企业的高技能人才脱颖而出的评价方法。新模式建立了具体的工种评价模型，主要从两个方面入手：在共性的评价模块方面，主要包括企业对员工专业水平之外的关键能力要求，如职业道德、交流与合作等核心能力评价模块；从国家的职业标准出发，该工种所要求的具有普遍性且最基本和最关键的专业技能方面的通用职业技能评价模块。在具有企业特点的个性评价模块方面，又包括工作业绩评价模块和企业生产岗位技术所要求具备的技能评价模块，主要结合对该企业所进行的工作岗位分析，建立该岗位生产所要求的若干个技能指标模块，用以测评员工目前实际达到的技能水平。考“业绩”和“技能”，分别兼顾了高技能人才过去能干什么和将来能干什么，两项综合能够充分体现人才的潜能和实际业绩等问题。①

随着我国经济结构的变化，对知识型、复合型的高技能人才的需求将大幅度增长。拥有技能人才是企业获得竞争优势的关键，如果企业发挥激励技能人才的主体地位，提高技能人才的经济与社会地位，那么，通过市场的导向作用，就会正确引导人们的就业观念，鼓励人们重视技术、学技术，逐渐改变技术工人短缺的现象。

“技工荒”的现象是社会发展的必然产物，也是社会发展必须面对的问题。企业应该关注技能人才的工作满意度和需求，重视对技能人才的激励，提高技能人才的工作满意度。

① 毕式明. 高技能人才评价有了新模式. 南方日报网络版，2007 - 01 - 16. http://www.southcn.com/job/features/skilledworker/200702020613.htm

第六章　泛珠三角技能人才激励现状与激励机制改进对策

——以深圳为例

一、激励理论综述及应用

“激励”在心理学上，是指激发人的行为动机的心理过程，即通过各种客观因素的刺激，引发和增强人的行为的内在驱动力，即内驱力，使人达到一种兴奋的状态，从而把外部的刺激内化为个人的自觉行动。

近五十年来，学术界从心理学和组织行为学两个角度对激励进行了大量的研究，并提出许多不同的激励理论。在这些激励理论中，以人的心理需求和动机为主要研究对象的，学术界统称为内容激励理论。这一类理论包括马斯洛的需要层次理论（hierarchy of needs theory），克莱顿·阿尔德弗（Clayton Alderfer）的ERG理论，大卫·麦克里兰（David McClelland）的成就需求理论（Achievement Motivation Theory）和弗雷德里克·赫兹伯格（Fredrick Herzberg）的激励—保健双因素理论（motivation-hygiene theory）。

（一）需要层次理论

马斯洛提出的需要层次理论（hierarchy of needs theory）认为人类需要的强度不都是相等的，是按照一定顺序出现的，而人的需要由低到高可以分为五种层次：

（1）生理需要（physiological needs）：包括食物、水、住所、性等身体需要。

（2）安全需要（safety needs）：保障身心免受伤害需要。

（3）归属和社会的需要（love needs）：包括情感、归属、被接纳、友谊等需要。

（4）尊严的需要（esteem needs）：包括内在的尊重如自尊心、

自主权、成就感等需要与外在的尊重如地位、认同、受重视等需要。

（5）自我实现的需要（self-actualization needs）：包括个人成长、发挥个人潜能、实现个人理想的需要。

需要层次理论认为低层次的需要在一定程度上得到满足后，个体才会追求高层次的需要。也就是说，组织用于满足低层次需要的投入产出比是递减的，当员工低层次的需要得到一定程度的满足后，组织仍以原来的激励方式来激励员工，效果会很小。但如果着眼于员工更高层次的需要进行激励，可以使组织绩效明显提高。按照这种理论，如果想激励员工，首先需要了解员工目前的需要处于哪一个层次水平，从而提供相应的激励措施。

（二）ERG 理论

阿尔德弗（Clayton Alderfer）对需要层次理论进行了修订，提出了 ERG 理论。这一理论认为人有三种核心需要：

（1）生存需要（existence needs）：指维持生存的物质条件。

（2）关系需要（relatedness needs）：指维持重要人际关系的需要。

（3）成长需要（growth needs）：指追求自我发展的欲望。

ERG 理论认为，各种需要可以同时具有激励作用，这与马斯洛主张的低层需要满足是高层需要的先决条件有所不同，而且 ERG 理论蕴涵了“挫折—退化”观点（frustration regression hypothesis），认为如果较高层次需要不能得到满足，对满足较低层次需要的欲望就会加强。

（三）成就需求理论

麦克里兰提出了成就需求理论，认为人有三种重要的需要：

（1）成就需要：追求优越感的驱动力，或在某种标准下追求成就感、寻求成功的欲望。

（2）权力需要：促使别人顺从自己意志的欲望。

（3）亲和需要：寻求与别人建立友善且亲近的人际关系的欲望。

这一理论认为，员工的激励需要考虑这三种需要的强烈程度，以便提供能够满足这些需要的激励措施。例如，成就动机高的个人更希望工作能够提供个人的责任感、承担适度的风险以及及时得到工作情况的反馈。

（四）激励—保健双因素理论

赫兹伯格在针对工程师和会计师的工作满意度研究的基础上提出了激励—保健理论（motivation - hygiene theory）。

这一理论认为，工作满意与不满意并不是或此或彼、二择一的关系。满意的反面是没有满意，不满意的反面是没有不满意，也即令人满意的因素虽然被去除，并不一定会导致员工不满意。同样，令人不满意的因素虽然被去除，但并不一定会导致员工满意。

激励—保健双因素理论认为，需求因素的激励应当从两方面入手。提供保健因子只能消除不满意，但不一定能激励员工；而需求因素的激励应该强调激励因子的提供。①

（五）激励相容原则对技能人才激励的指导意义

以上是马斯洛、阿尔德弗、麦克里兰和赫兹伯格的需要激励理论的综述，这些理论虽然表述不同，但其主旨是相似的，就是根据人的需要来确定具体的激励方式，而人的需要是复杂且处在变化过程中的，所以要因人、因时、因事制宜，并进行恰当的激励。管理学家把这一基本思想概括为激励相容原则。它对技能人才激励的指导意义可归纳如下：

（1）不同的人有着不完全相同的需求，人需求因素的多样性导致了具体激励方式的多样性，丰富了激励机制的内容。所以应根据技能人才的需求结构，尤其是其优势需要来设计激励措施，这样才既有利于发挥激励机制的作用，也有利于实现企业目标。

（2）要善于发掘和引导技能人才的需要。从技能人才的定义看，技能人才都是在特定岗位上长期工作，大部分都注重做好本分工作，对工作模范、优秀员工等称号不感兴趣，但如果激发技能人才的荣誉感，并使其得到满足，就会激发其巨大的工作热情。另外，技能人才需要也和企业领导的提倡、组织氛围有关，树立一种奋发有为、积极奉献的工作环境，会对技能人才形成一种健康的导向作用。

（3）要逐渐提升技能人才的需要品位。内容激励理论都比较重视高层次需要的激励作用，马斯洛的自我实现需要、阿尔德弗的成长

---

① 张岩．工作满意度与员工激励：IT 行业与传统行业的比较．北京大学出版社，2001

发展需要、麦克里兰的成就需要、赫兹伯格列举的激励因素，对员工的激励作用强烈而持久，而且大多不需要很高的激励成本，应该更多地利用。

二、深圳市技能人才需求特点分析

根据激励理论的相融原则，员工需求分析是设计有效激励机制的起点。个体总是希望通过自己的行为导致满足自己需要的结果。因此，在了解员工的真正需要后，就可以依此制定出合理的激励措施来诱导员工做出企业所期望的行为。本部分对深圳市技能人才需求特点进行分析，为建立有效的技能人才激励机制提供基础。

（一）研究总体思路

本研究的目的在于反映技能人才的需求，探讨技能人才对各需要层次的期望强度与实际满足状况之间的差异水平，分析技能人才的需求特点，为制定有效的激励机制提供依据，见图6.1。

研究的理论焦点在于对技能人才个体需求期望强度与主观满足状况之间的差异进行分析，看哪一层次的激励更能满足技能人才的需求并激发他们的潜能。因此，有以下两个研究假设：

假设一：技能人才的需要因技术等级、工龄等而存在不同。

假设二：对技能人才的激励效果大小取决于技能人才的需求期望强度与需求满足状况之间的差异大小，差异越大，对他们的激励效果越好。

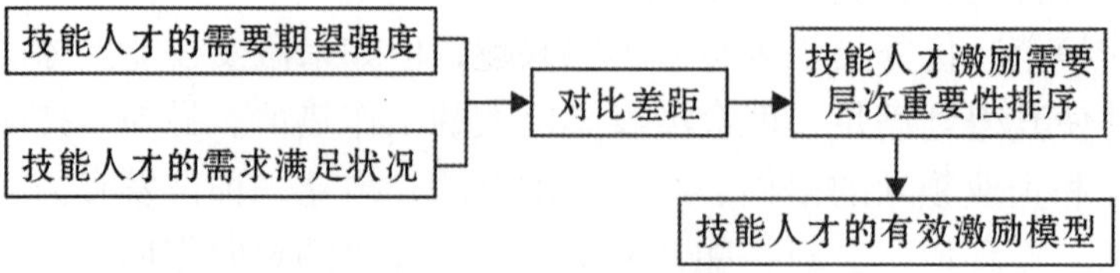

图6.1 研究的总体构思及假设

本次研究的问卷使用自编的《深圳市技能人才工作情况调查问卷》，其内容是在对激励需求因素理论和企业访谈的定性研究得出的构思基础上进行设计，对技能人才的需求期望和需求满足状况进行考察。

问卷以内容激励理论为基础，将技能人才的需要层次划分为基本需要、归属与社交需要、成长与自我实现需要、受尊重需要和工作条件需要五类。

技能人才基本需要层次的需求因素包括所支付的工资、提供的社保福利、劳动保护设施和企业奖励制度。

归属与社交需要层次的需求因素包括内部同事间的关系、上下级关系和谐程度、领导与员工的沟通程序和工作的归属感。

成长与自我实现需要层次的需求因素包括学习与职业培训机会、工作中的晋升空间和机会、企业的学习氛围、工作的成就感、企业的发展前途。

受尊重需要层次的需求因素包括对个人表现的认可程度、参与管理和决策的机会。

工作条件需要层次的需求因素包括工作自主性、工作挑战性、工作职责、工作量、工作时间、工作环境和机器设备水平。

本次调查共发放 140 份问卷，回收 130 份，回收率 92.86%，有效问卷 124 份，有效率 95.38%。本次调查研究收集到的数据采用 SPSS13.0 的统计技术进行数据统计。问卷使用了克伦巴赫（L. J. Cronbach）α 系数进行了信度考察，测量结果见表 6.1。

表 6.1 信度测量结果

需要因素	重要性部分	满意度部分
Alpha 系数	0.928	0.934

克伦巴赫 α 信度系数是目前最常用的信度系数。其公式为 $\alpha = (k/k-1) \times (1-(\sum S_i^2)/ST^2)$。其中，$K$ 为量表中题项的总数，Si^2 为第 i 题得分的题内方差，ST^2 为全部题项总得分的方差。从公式中可以看出，α 系数评价的是量表中各题项得分间的一致性，属于内在一致性系数。这种方法适用于态度、意见式问卷（量表）的信度分析。

学者 DeVellis（1991）认为，0.60～0.65（最好不要）；0.65～

0.70（最小可接受值）；0.70～0.80（相当好）；0.80 以上（非常好）。[①] 由此可见，一份信度系数好的量表或问卷，α 系数值最好在 0.80。以测量结果来看，α 系数值分别是 0.928 和 0.934，表明问卷信度非常好。

（二）技能人才需求期望强度和满足状况分析

问卷需求因素重要性部分的调查，用于技能人才需求期望强度分析。取每个需要层次的需求因素均值作为该层次需求期望的强度值。其中［1－2）为最不看重，［2－3）为较不看重，（3－4］为较看重，（4－5］很看重，3 为一般。强度最大的排在第一位，是说明技能人才最期望得到满足的需要层次。统计结果见图 6.2。

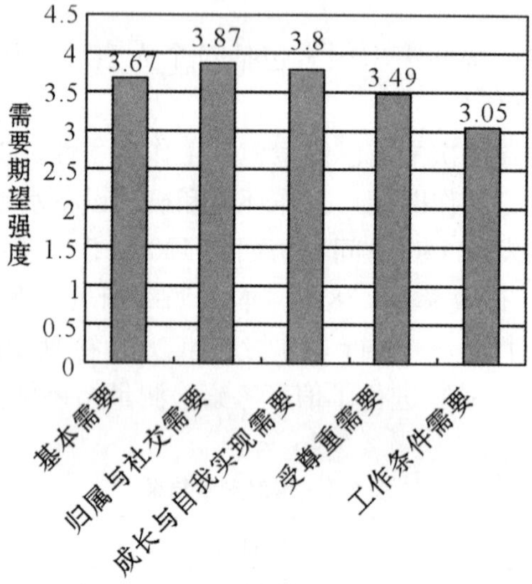

图 6.2　技能人才需要层次期望强度

问卷的满意度部分，用于对技能人才需要层次满足状况的分析。取每个需求层次的需求因素满意度均值作为该需要层次满意度值。其中［1－2）为最不满意，［2－3）为较不满意，［3－4］满意，（4－5］十分满意。统计结果见图 6.3。

① 张媛，张兰芳等. 大学新生计算机基础调查表信度与效度的测量与分析. 现代计算机，2009（4）：71～73

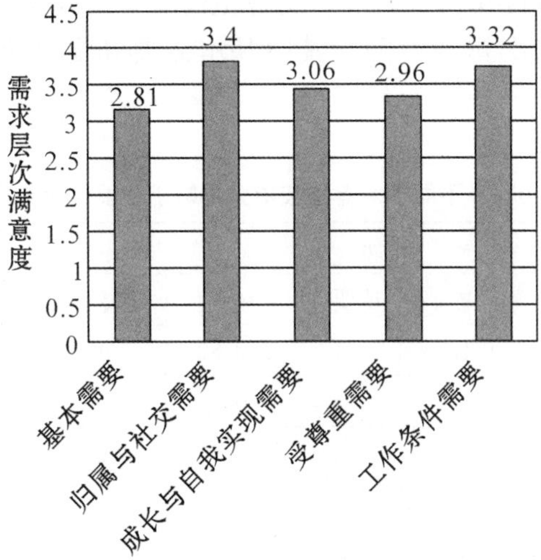

图 6.3 技能人才各需求层次满意度状况

（三）技能人才需求期望与需求满足的差异水平分析

以下从整体、不同技能等级和不同工龄三个角度对技能人才各需要层次期望与满足状况进行对比，分别见表 6.2、表 6.3 和表 6.4。各表反映了技能人才需要期望强度和需要满意强度两者的差异水平，以及各需要层次影响激励机制制定的重要性排序。

表 6.2 技能人才需求期望与满足状况对比

需要层次	技能人才			
	期望强度	满足强度	差值	重要性
基本需要	3.67	2.81	0.86	1
归属与社交需要	3.87	3.40	0.47	5
成长与自我实现需要	3.8	3.06	0.74	2
受尊重需要	3.49	2.96	0.53	3
工作条件需要	3.85	3.32	0.53	4

从表 6.2 的分析结果来看，尽管基本需要期望强度排在第四，但由于其满意状况最差，差异最大，所以是激励技能人才最为重要的需

要层次；成长与自我实现需要、受尊重需要、工作条件需要和归属与社交实现需要依次排在后面，其中基本需要和受尊重需要没有达到满意状态。

表 6.3 不同技术等级技能人才需求重要性分布表

需要层次	初级		中级		高级	
	差值	重要性	差值	重要性	差值	重要性
基本需要	1.05	1	0.82	1	0.62	2
归属与社交需要	0.56	5	0.56	5	0.23	4
成长与自我实现需要	0.95	2	0.71	2	0.66	1
受尊重需要	0.63	3	0.58	4	0.46	3
工作条件需要	0.60	4	0.65	3	-0.21	5

从表 6.3 的分析结果来看，各技术等级的技能人才需求状况基本一致，初级工和中级技师更需要的是基本需要层次的激励，其次是成长与自我实现需要层次；而高级技师则首先注重的是成长与自我实现需要，然后才是基本需要。

表 6.4 不同工龄技能人才需求重要性分布表

需要层次	1 年以内		1~3 年		3~5 年		5~10 年		10 年以上	
	差值	重要性	差值	重要性	差值	重要性	差值	重要性	差值	重要性
基本需要	0.67	2	1.09	1	0.85	1	0.64	3	1.00	1
归属与社交需要	0.27	5	0.68	3	0.14	5	0.57	4	0.75	2
成长与自我实现需要	0.70	1	0.96	2	0.56	2	0.71	2	0.55	4
受尊重需要	0.63	3	0.66	4	0.29	4	0.72	1	0.65	3
工作条件需要	0.48	4	0.68	3	0.51	3	0.52	5	0.25	5

从表6.4的分析结果来看，技能人才随着工龄的增长，在需要层次上也发生着变化，但基本需要和成长与自我实现需要在对激励影响的重要性中一直处于关键位置，因此，这两个需要层次对各个工龄层的技能人才都有较大的激励作用。

综合以上的研究分析，技能人才的需求特点可以归纳如下：基本需要、成长与自我实现需要是技能人才期望强度和主观满足状况差异水平最大的两个层次，而且技能人才主观上认为基本需要的满意度还处于较不满意的状态，所以基本需要、成长与自我实现需要是影响技能人才激励机制有效性最为重要的两个层次，在制定相应激励机制时应着重从满足技能人才的基本需要和成长与自我实现需要出发。另外，不同技术等级、工龄的技能人才需要也不尽相同，但一般情况下都是更趋向成长与自我实现需要和基本需要的，即他们更注重的是自身生存与发展的前景。

三、深圳市技能人才和激励机制发展情况

历届深圳市委市政府高度重视技能人才的引进和培训工作，但随着全国经济快速发展、改革开放向内地纵深推进，以及深圳市产业结构调整和优化升级，深圳市技能人才特别是高技能人才缺乏问题日益凸现。深圳市不断制定、出台相关措施，进一步加强技能人才队伍建设，加强人才引进和培训，全面规范和引导技能人才，特别是高技能人才的建设工作，加强就业再就业工作。2006年深圳市政府四届三十二次常务会议强调，要坚持政府主导、市场化运作的原则，整合调动社会各种培训资源，形成多元化培训体系，共同做好技能人才培训工作：一是要抓重点，着重培养高技能人才；二是要抓紧缺，着重培养行业紧缺、发展急需产业需要的技能人才；三是要抓增量，通过完善户籍政策和相关配套措施，使培训出的人才愿意留在深圳干事创业，增加深圳市技能人才的总量和储备。①

从2001年至今，深圳市对技能人才的激励出台了很多有效的措

---

① 刘键．深圳市长质量奖提高到300万．深圳特区报，2006-06-09．http://china.pub.zjol.com.cn/05china/system/2006/06/09/007674835.shtm

施，取得了很大的进展。

（一）提供技能人才培训经费补贴

目前，在深圳154万技能人才中，有76万是农民工，对农民工的技能培训给予一定补贴，有助于降低技能人才所承担的培训成本，加快紧缺技能人才的培养。2002—2004年，深圳市政府投资培训资金累计3亿多元；2006年，中央财政转移支付3 900万元，深圳市按照实际所需，将其中的85%用于农民工技能培训补贴。同年，深圳市的本级财政还配套划拨1 000万元，其中的200万元用于农民工技能培训①。2007年颁布的《深圳市农民工技能培训补贴暂行办法》，规定可享受培训补贴的农民工总量为15.6万人，技能培训费用补贴标准按照农民工参加培训的技术技能等级可补贴100元至800元不等。②

（二）调整技能人才招调政策，积极引进所需技能人才

为规范用人单位招调员工工作，积极引进所需技术技能人才，深圳市制定了招调工政策。根据招调工政策，2001—2007年，深圳市从招调4 600人增加到40 000人，增幅为870%。每年的招调政策不断放宽技能人才入户深圳的条件，大大提高了技能人才入户深圳的机会。调整情况见表6.5。2001年，只要职业技能鉴定达到中级职业资格、在深圳工作两年以上的人员，都可以核准下达；另外，还把获得“省、部委级以上科技进步奖的人员”和“国家级一、二类技能竞赛获奖的人员”纳入核准范围；2004年，首次向农业户口的技能人才敞开大门，拥有高级工及以上职业资格的拟招调人员，如系农业户口，可同时申请办理“农转非”手续，直接入户深圳；2005年，取消招调工考试，并将对招调人员技能考核的权力下放给企业，企业可以根据自身实际需要引进特殊技能人才。

2004年9月，深圳首次举办泛珠三角九省区劳务合作洽谈暨技术技能人才招聘会，通过此次活动解决深圳企业的用工需求，也为泛珠三角其他省区的企业招聘人才。招聘会上成功招聘拟入户深圳的员工，

---

① 深圳一半技能人才出自农民工. 深圳特区报，2007-02-15. http://www.southcn.com/news/dishi/shenzhen/ttxw/200702150658.htm

② 农民工技能培训可获补贴，补贴标准100元至800元不等. 深圳劳动保障网，2008-02-21. http://www.szlabour.org/fagui/3289.html

其持有的职业资格证书实行九省区证书互认，可免试调入深圳。

表 6.5　深圳市外招调工政策调整情况

年份	调整情况
2001	职业技能鉴定达到中级职业资格，在深工作两年以上人员可以核准下达；获得“省、部委级以上科技进步奖的人员”和“国家级一、二类技能竞赛获奖人员”纳入核准范围。
2004	拥有高级工及以上职业资格的农业户口人员，可申请办理“农转非”手续。
2005	取消招调工考试，对招调人员技能考核权力下放给企业。
2006	对一些符合条件的人员适当放宽年龄限制。其中对具有高级专业技术职称的，年龄可放宽至 50 周岁； 对下放权力的企业增加注册资本 500 万元以上，员工 100 人以上，纳税 50 万元以上。
2007	核准类招调人员须缴养老保险半年以上，技能竞赛获奖者可招调入户，提高知识技能型人才的学历要求，提高计算机考试类工种招调要求，实操测试提高等级，招一名就业困难人员奖三个指标，高级商品营业员也可招调入深。
2008	缴纳工伤保险费须满半年以上，紧缺高级技师年龄放宽至 45 岁，开展技能竞赛拓宽人才选拔渠道，设综合水平测试确保人才素质，到外地参加统考成绩不认可，职业工种目录有新规范和调整，用人单位及其法人要签“承诺书”，只认可全国统一学历认证报告，优先办理技能大比武优胜者入户，指标有限期缩短为 40 天。

泛珠三角九省区劳务合作洽谈暨技术技能人才招聘会活动包括劳务洽谈合作、技术技能人才招聘等三个部分。对招聘会上录用员工较多的深圳市企业，深圳将提供五大优惠政策：在劳动业务方面给予各项优惠政策；对在本次招聘会上成批引进的、符合深圳经济发展需要的，并取得中级以上职业资格证书的应届技工学校毕业生，可成批调入深圳；对企业需要而未列入深圳招调工工种或深圳仍未开展职业技能鉴定工种的现场应聘员工，由企业在深圳市市职业技能鉴定指导中心的指导下自行组织技能水平测试，按引进特殊技术技能人

才的方式予以办理；对在招聘会上录取且需调入深圳市员工较多的企业，给予专项指标解决其招聘员工入户问题，且该项优惠政策可沿用至明年；招聘会上成功招聘拟入户深圳的员工，其持有的职业资格证书实行九省区证书互认，可免试调入深圳。

通过此次活动，深圳为已在本地工作又具有一定技术专长的、几年前由当地输送到深圳的技术技能人才搭建了一个平台，真正实现了劳动力合理流动。同时，将泛珠三角九省区的丰富劳动力资源和各地有特色的经职业培训的技能人才的结构、工种分布情况融汇到了九省区的劳动力市场，解决了因自发劳动力市场信息不畅而出现的大量劳动力找不到岗位，同时企业又找不到合适员工的局面。

（三）建立技能人才津贴制度

技能人才津贴制度的建立有利于提高技能人才的地位。2004 年制定的《职业培训事业发展五年规划》规定，获得技师和高级技师资格的人员政府每年给予 1 000 ~ 2 000 元的津贴。2005 年的《关于改革和完善深圳市人民政府特殊津贴制度的意见》规定，从 2004 年到 2010 年将选拔四批享受政府特殊津贴的人员，每两年选拔一次，每次 50 名，总共 200 名。长期工作在工农业生产和科技推广第一线，在技术革新、技术改造或技术操作方面取得特别优异成绩，技术高超、技艺精湛的高级技师，可作为被推荐人选，技能人才首次被列入选拔范围。享受市政府特殊津贴人员将每人一次性发给 1 万元，享受市二级医疗保健待遇。

（四）建立技能人才表彰奖励制度

政府与企业定时举办职业技能竞赛和评定优秀技能人才，对竞赛优胜者和优秀技能人才，按有关规定，在调入、晋级、评奖等方面予以优先考虑，以此调动技能劳动者学习技能、提高技能的积极性。2005 年 1 月 19 日召开了首届“技能标兵”和“优秀技师”表彰大会，评选和表彰了 100 名优秀技师、10 名技能标兵；2007 年 4 月 20 日召开了第二届“技能标兵”和优秀技师表彰大会，大会同样表彰了 100 名优秀技师和 10 名技能标兵。2007 年，深圳市招调工政策规定，“在本市区级劳动部门组织的技能竞赛中，获得前三名的”和“经市劳动和社会保障部门确认竞赛方案并按方案规定可享受招调员工优惠政策的深圳市各行业和各企业组织举办的各类技能竞赛的获奖者”列入审批下达计划指标。

为表彰在质量管理、经营绩效方面取得突出成就的企业或组织，引导和激励广大企业或组织建立和实施卓越的质量管理经营模式，提高产品、工程和服务质量水平，持续改进经营业绩，增强城市综合竞争力，深圳还制定了《深圳市长质量奖评定管理办法》①。市长质量奖是一项与国际接轨、具有先进性和权威性，由深圳市政府设定的最高质量荣誉。为进一步增强奖项的辐射影响力，充分体现政府政策取向，提高奖项的引导和激励效果，2006 年该奖项奖励金额由 50 万元提高到了 300 万元。

（五）制定技能人才市场工资指导价位

为帮助企业建立科学的技能人才工资分配制度，鼓励技能劳动者提高技能，深圳市从 2006 年起专门制定技能人才工资指导价位（见表 6.6、表 6.7）。数据显示，各等级的技能人才平均工资逐年提高，但需引起注意的是，在 2004—2005 年技能人才平均工资均呈两位数增长，但到了 2007—2008 年平均工资只以一位数增长，增长率降低幅度较大，特别是高级工、技师与高级技师类的工资增长较小。

表 6.6　2006 年分技术等级工资指导价位

行业	高位数（元/人/月）	中位数（元/人/月）	低位数（元/人/月）	平均数		
				2005 年（元/人/月）	2004 年（元/人/月）	增长百分比（%）
初级工	5 821	1 800	1 024	2 104	1 821	15.54
中级工	10 241	2 100	1 236	2 347	2 109	11.28
高级工	11 235	3 050	2 569	3 321	2 964	12.04
技师	15 241	4 200	3 562	4 621	4 126	12.00
高级技师	22 394	5 800	4 121	6 234	5 621	10.91

资料来源：深圳市劳动力市场工资指导价位（2006 年）

① 深府〔2004〕98 号. 2004 -06 -16

表 6.7　2008 年分技术等级工资指导价位

行业	高位数（元/人/月）	中位数（元/人/月）	低位数（元/人/月）	平均数		
				2008 年（元/人/月）	2007 年（元/人/月）	增长百分比（%）
初级工	9 792	1 950	1 060	2 355	2 235	5. 37
中级工	12 557	2 300	1 370	2 595	2 466	5. 23
高级工	14 659	3 400	2 680	3 667	3 586	2. 26
技师	18 413	4 675	3 780	4 992	4 970	0. 44
高级技师	26 800	5 950	4 980	6 674	6 622	0. 78

资料来源：深圳市劳动力市场工资指导价位（2008 年）

（六）高级技工学校、技师学院毕业生享受大专学历人员同等待遇

2009 年 3 月，深圳市委市政府大胆突破体制障碍和传统人才观念的束缚，在全国首次出台专门政策文件，明确规定高级技工学校、技师学院毕业生享受大专学历人员同等待遇，以实际举措解决高技能人才成长过程中最实际的待遇问题。这对加快深圳技工教育实现倍增发展、科学发展，促进高技能人才队伍建设将起到重要的推动作用，将在全省乃至全国产生影响和示范效应。

该政策文件就深圳市高级技工学校、技师学院、中等职业学校毕业生享受大专学历人员同等待遇问题作出明确规定：一是在本市公务员、职员和雇员招考中，取得高级职业资格证书的高级技工学校、技师学院、中等职业学校毕业生报考相关职位时，与大专学历人员同等对待。二是在本市机关事业单位以及市、区属国有企业组织的各类考试中，取得高级职业资格证书的高级技工学校、技师学院、中等职业学校的毕业生报考时，与大专学历人员同等对待。国家和省级行政主管部门组织的各类考试，对学历要求另有规定的，从其规定。三是在本市机关事业单位以及市、区属国有企业在聘（任）用人员时，取得高级职业资格证书的高级技工学校、技师学院、中等职业学校毕业生，与大专学历人员同等对待，聘（任）用后，其工资待遇、职位晋升、考核定级及其他各项待遇与大专学历人员同等对待。

（七）企业技能人才激励多样化

在企业，绩效奖金一直是激励技能人才最主要也是最直接的方式。由于技能人才的短缺而给企业带来难以招聘和留住技能人才的问题，企业开始尝试多途径的激励措施，例如，企业文化建设、优秀员工评定、制定员工晋升计划、免费提供员工培训的机会等措施。表6.8是通过对深圳市DB印刷有限公司、MS电子公司、KJ集团和FST电子深圳有限公司访谈调查后，总结出的企业激励技能人才激励措施的共同点。

表6.8　企业实施激励措施的共同点

激励角度	具体措施
奖励制度	绩效奖金，优秀员工奖金
文化建设	企业运动会，员工旅游，办墙报
员工发展	员工晋升计划，员工培训机会

四、深圳市技能人才激励机制优化方向

深圳及泛珠三角其他城市可针对现存技能人才激励方面的问题，并充分借鉴长三角其他城市的有效经验，加强技能人才激励机制的建设。

（一）改善宏观环境，提高技能人才社会和经济地位

过去由于受传统计划经济思想和观念的影响，社会并没有树立以人为本的管理思想。企业对技能人才都是重使用而轻激励，技能人才的地位没有受到重视，从而极大限制了技能人才的发展。从劳动和社会保障部《职业》杂志与中青在线联合发起的“2005中国技能人才职业声誉调查”可看出，有52.7%的人认为技能人才的社会地位不高，不受尊重。

随着技能人才短缺、结构不合理这一问题的日益严重，企业和地区的经济发展受到了严重阻碍。政府和企业逐渐意识到，只有提高技能人才的社会和经济地位，才能缓解技能人才面临的问题。高技能人才津贴制度，技能人才市场工资指导价位制度的建立，在提高技能人

才经济和社会地位上产生了良好的示范效应。而这些还远远不够，政府应继续加强改善宏观环境，提高技能人才的社会和经济地位。具体做法有：①建立技能人才服务体系，包括举行技能交流会、优秀技能成果展示、技能人才技术改造专项实验等；②把技能人才纳入社会保障覆盖范围；③鼓励企业对业绩优秀的高技能人才实行股权和期权激励。

（二）加大对技能人才培训投入，并形成投入制度化

从深圳市近些年对技能人才培训经费补贴来看，投入相对偏低，近三年来累计投入3亿多元，与同期上海市政府培训投资累计36亿多元，香港特区政府投资累计60亿元港币相比，三者比例为1∶12∶20，深圳投资差距明显较大。而且，深圳市技能人才总量中，农民工数量占一半以上，劳动技能水平不高，解决这一问题的重要途径就是加大对他们的培训力度，提高农民工的素质。但目前的投入还无法满足全部技能人才的需求，农民工面对高额培训费用，他们往往不得不放弃学习和提高技能水平的机会。

同时，近几年深圳市政府对培训经费的补贴投入还未能纳入财政预算，投入未形成制度化，政府没有充分发挥投资的主导作用。国际上通行的做法是将教育和培训经费列入各级政府财政预算，形成制度化投入。

因此，加大技能人才培训经费补贴的投入，并形成投资制度化，是深圳市政府未来提升技能人才质量的发展趋势。培训经费补贴投入方面，首先，政府应加大财政投入力度，拨出农民工培训经费，保证农民工培训的开展；其次，应制定相关政策，规定用人单位担负一定的培训费用。职工培训经费按职工工资总额的一定比例提取。

（三）建立科学的技能人才评价体系

高技能人才评价工作存在许多不足，主要体现在以下三个方面：

（1）高技能人才评价跟不上社会需要，影响高技能人才的成长。许多劳动者在企业工作岗位中，技能已经达到高级工以上水平，但由于评价工作没有及时跟上，不能授予相应的职业资格，其能力和才干没有得到应有的体现，成长受到制约，积极性、主动性和创造性受到严重影响。

（2）对高技能人才评价质量不高，影响评价工作的科学性、规范性和权威性。一些地区、行业的鉴定机构存在严重的质量问题，造成鉴定质量“假、次、低”，即以假乱真，以次充好，以低顶高。鉴定工作的质量问题直接影响到高技能人才的社会声誉。

（3）高技能人才评价与培养、使用、激励等环节没有形成有效联动，导致评价难以发挥应有的作用。高技能人才评价应该作为岗位使用与待遇的依据，并能够引导劳动者参加培训、提高技能。但在实际工作中，评价工作还没有发挥应有的作用。[①]

技能人才评价是对技能人才的技能水平考核和职业资格进行评定，科学的人才评价体系可为技能人才成长和发挥作用创造条件。深圳市尚缺乏科学的技能人才评价体系。在现行的《职业技能鉴定条例》中，比例、年龄、学历、资历和身份等过多的限制，把部分掌握了高技能水平的劳动者拒于门外。技能人才掌握专业技术却得不到行业的认可，严重挫伤了技能人才提升技能水平的积极性。因此，改革技能人才的评价方式，建立科学的技能人才评价体系是社会发展的要求。

建立科学的技能人才评价体系，应该做到：①调整《深圳经济特区职业技能鉴定条例》对学历、年龄、身份和资历的限制。②坚持技能人才重在企业和业内认可的改革取向，以职业能力为导向，以业绩为核心，采取社会化技能鉴定、行业企业考评、中介机构评价和政府认定等多种评价方式，并且主要以工作能力与业绩为考核评定的核心标准。③坚持公开、公平、公正的原则，防止技能人才考评不正之风。通过报纸、网络等多种方式公开发布技能人才评价的申报条件、考评时间及场所、组织实施流程；设立技能人才评价质量监督小组和专线举报电话，接受社会公众的监督。④加强考评人员和技术专家的建设。对考评人员和技术专家建立定期培训、资格管理和诚信档案制度，保证评价质量。

（四）完善技能人才技能竞赛制度

政府与企业共同举办的技能竞赛，在一定程度上调动了技能劳

① 刘声．高技能人才评价存在三大不足　人才受制约．中国青年报，2006－06－11．http：//www.china.com.cn/chinese/EDU－c/1237728.htm

动者学习技能、提高技能的积极性。但由于深圳市技能人才的短缺，也阻碍了技能竞赛的开展。2004 年 8 月底，深圳市劳动和社会保障局及深圳钟表协会联合举办了“2004 年深圳市钟表装配工和钟表维修工职业技能竞赛”。为鼓励广大钟表行业人员参赛，深圳市劳动和社会保障局还特别规定，此次竞赛获得工种中级技能职业资格证书者，若符合 2004 年度招调员工政策的，由深圳市劳动和社会保障局核准下达招调员工专项指标，予以选招或调入深圳。然而，尽管有晋升职称和调户口的“诱惑”，但深圳 8 万名从事钟表维修人员也只有不到千人报名参赛。原因在于很多钟表企业为防止员工参赛获奖而被挖走或跳槽，封锁了竞赛消息，或阻止员工参赛。

广州也出现了类似的情况，如 2005 年底，广州市推出高技能人才奖励试行办法，决定每三年评选、表彰一批有突出贡献的高级技师、技师和技术能手，政府分别一次性给予物质奖励，并优先申报评选市劳模。然而，让人意想不到的是，一些大企业和集团却迟迟没有报送候选人名单，最终上报的只有 126 人，还没有要表彰的人员多。①

技能竞赛的“冷场”，最根本的原因在于有限的技能人才和同行业对高技能人才之间的竞争。因此，政府应不断完善技能人才竞赛制度，帮助企业消除因担心员工参赛获奖而被挖走或跳槽的心态，充分发挥技能竞赛提高行业技能劳动者的整体职业技能水平和竞争力的作用。在政策上可以规定：①参赛技能人才在参赛后一年内离职的，不允许在市内同行业中就职或须支付较高额的赔偿金；②给参赛获奖技能人才所在企业颁发证书，个体和企业同时获得荣誉证书；③对于技能人才参赛的企业，要给予其获得鼓励奖的技能人才培训经费补贴，鼓励优秀技能人才在技能水平上往更高层次提升。

（五）分析企业技能人才需求特点，制定有效激励措施

从企业的激励措施发展趋势来看，技能人才的激励方式由单一化向多样化发展。大多数企业过去采取的主要方式就是绩效奖金奖励。在对深圳市企业访谈中了解到，大部分企业，尤其是一些中小企

---

① 张景华，吴春燕. 高技能人才奖缘何遭遇尴尬　你是怎样看待. 光明日报，2006 - 06 - 06. http：//www. nfdsw. com/news/2006/0607/jypd_zxjy/115240. htm

业，曾经认为技能人才只是企业生产运作中的投入要素，他们关注的是投入后的产出。技能人才仅仅是生产成本的一部分，给予技能人才基本工资和绩效奖金，就是对技能人才的最好激励。这种思想严重阻碍了技能人才的发展。

金钱激励的确是最传统、最容易运用的激励手段之一。在改革初期，深圳市大量的就业机会吸引了全国技能人才的流入，企业可以通过相对国内其他城市较高的绩效奖金留住技能人才。然而，随着社会经济的发展，就业空间大不再是深圳市的竞争优势，其他区域的经济发展分流了技能人才，造成了技能人才的短缺。同时，经济发展、生活质量的提高使得技能人才的需求也发生了变化，金钱不再是技能人才的唯一追求。

现在企业正尝试丰富和完善技能人才的激励机制，但从企业所制定的技能人才激励机制来看，具有很大的相似性，他们并没有立足本企业技能人才的需要特点和不同个体的需求，从而使得制定的技能人才激励只是一种形式，限制了激励机制的有效性，存在盲目激励现象。因此，根据技能人才需求特点设计激励措施，才能有效地发挥激励的作用。

五、深圳市企业技能人才激励模型构建和应用

从以上的调查分析来看，基本需要和成长与自我实现需要是深圳市技能人才需求期望与满足状况差异最大的两个需要层次。本部分结合分析的结果和激励相融原则构建了深圳市技能人才的激励模型，见图6.4。

该模型主要从满足深圳市技能人才基本需要，以及挖掘和满足技能人才成长与自我实现需要的欲望两个方面激励技能人才，激发他们学习技能的动机，使其发挥内在的潜能，并实现所期望的目标。基本需要包括提高基本工资，建立基于客观公平绩效评估的绩效薪酬制度，实行有吸引力的福利制度。成长与自我实现需要包括制定技能培训计划，建立技能等级认证，提供才能展示机会。模型的应用见表6.9。

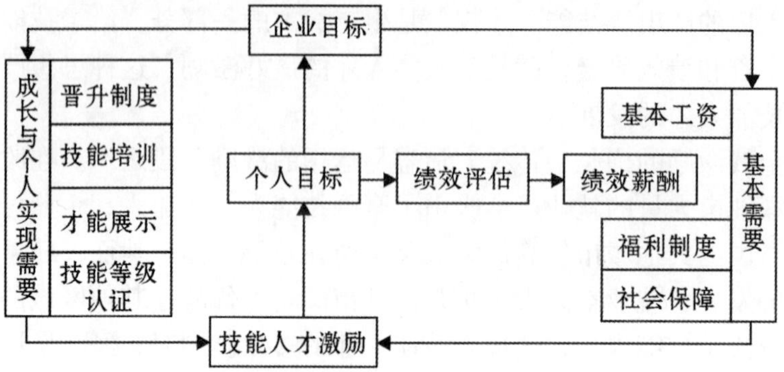

图 6.4 技能人才激励模型

表 6.9 技能人才激励模型应用

需要层次	需求因素	激励应用
基本需要	基本工资	提高基本工资。工资是技能人才劳动成果最直接，也是最应得的回报。技能人才追求一份与自己贡献相称的报酬。在今天，技能人才所创造的价值与以前相比，有了很大的提高，因此，企业也应使技能人才分享到自己所创造的财富。
	绩效薪酬	建立客观公平的绩效评估体系，并与绩效薪酬相挂钩。企业设计的奖励体系是对技能人才高绩效的报酬。绩效奖励应该是客观公平的，这样才能发挥其效用。技能人才会把自己从投入中得到的产出与其他人的产出与投入进行比较，不公平的绩效薪酬将影响其努力的程度。
	社会福利保障制度	为技能人才提供基本的医疗、住房、社会和生活福利保障。

（续上表）

需要层次	需求因素	激励应用
成长与个人实现需要	技能培训	设立技能培训计划。技能人才技术水平的高低，直接关系到企业的产出水平。因此，设立技能培训计划，一来可以满足技能人才的成长需求，同时也有利于提高企业的产出。在设立技能人才的培训计划时，可以先根据工作技能要求，以及企业的预期产出目标，对技能人才工作产出进行评估，找出技能人才为实现下一步工作目标，预期能力需要作出怎样的提升，再根据需要来制定培养计划，使其能力得到不断提升。
成长与个人实现需要	才能展示	①工作扩大化。横向扩大工作范围，即让一个劳动者承担几种工作或周期更长的工作，这样既可减少对工作的单调感，又利于激发个人的潜能，便于个体能力的全面发展。 ②工作丰富化。纵向扩大工作范围，让技能劳动者有机会参加产品的计划和设计，获取后工序乃至销售方面的信息反馈，以评价和修正自己的工作。还可包括参加部分管理工作，这样可增加其责任感、成就感，提高其工作兴趣。 ③企业内开展技能竞赛、技能创新等活动，这样既能提高技能劳动者的岗位技能，又能充分肯定高级技能人才所发挥的重要性，使个人目标与企业目标有机地结合起来。
	技能等级认证	在企业内建立相应的技能等级认证，同时，通过认证的技能人才可以获得相应的职称和薪酬水平，并作为职位晋升的依据。
	晋升制度	根据企业的岗位，结合各岗位的技能要求，制定技能人才的晋升制度。

技能人才短缺已成为企业发展的瓶颈。企业要生存和发展，就必须赢得人才的竞争。而人才的竞争归根到底就是建立一套有效的激

励机制。

在技能人才的激励机制中，政府和企业是两个主要的激励主体。政府是培养和引进技能人才的宏观管理者和政策制定者，政府制定的技能人才激励机制，对整个技能人才培养和引进都起着决定性的作用。企业则是技能人才的“消费者”，对技能人才的激励，有利于企业实现自身目标，同时可以吸引、培养和留住企业的人才，赢得竞争优势。政府和企业构建技能人才激励机制，应遵循激励相融原则，综合考虑技能人才的个性、技能等级、工龄等因素的影响，从而制定有效的技能人才激励机制。

附　录

附录一　《泛珠三角区域合作框架协议》

泛珠三角区域包括福建、江西、湖南、广东、广西、海南、四川、贵州、云南九个省区和香港、澳门两个特别行政区（简称“9+2”）。

在经济全球化和区域经济合作加快发展的大背景下，加强泛珠三角区域合作，是我们的共同愿望和要求，也是我们抓住本世纪头二十年发展战略机遇期的现实选择。这对于促进港澳经济社会繁荣发展，扩大内地省区对内对外开放，加快全面建设小康社会步伐，增强区域整体实力和竞争力，具有重要的现实意义和战略意义。

为推动合作事项的落实，经各方政府协商一致，特制定本框架协议。

第一条　合作宗旨

按照“一国两制”方针，参与合作的内地省区与香港、澳门开展合作，遵守中华人民共和国香港、澳门特别行政区基本法和全国统一的相关法律、法规，合作在《内地与香港关于建立更紧密经贸关系的安排》和《内地与澳门关于建立更紧密经贸关系的安排》框架内进行。根据国民经济和社会发展规划的总体要求，坚持区域协调发展和可持续发展，充分发挥各方的优势和特色，互相尊重，自愿互利，按照市场原则推进区域合作，拓宽合作领域，提高合作水平，形成合作互动、优势互补、互利共赢、共同发展的格局，拓展区域发展空间，共创美好未来。

第二条　合作原则

（一）自愿参与。各方本着发展的共同愿望自愿参加泛珠三角区域合作，并在合作框架中享有发展的平等地位和权利。香港、澳门特别行政区政府及其余协议各方有权根据法律、政策和需要，参与本协议全部或部分的合作项目。

（二）市场主导。按照“市场运作，政府推动”的方式推进区域合作。充分发挥市场机制在区域经济发展中资源配置的基础性作用，企业作为合作的主体，依法自主决策投资经营。政府主要是创造良好发展环境，引导区域合作发展方向。

（三）开放公平。坚持合作的公平、开放，坚持非排他性和非歧视性。打破地区封锁，促进市场开放，加强沟通交流，促进共同发展。

（四）优势互补。充分发挥各方的比较优势和合作的积极性、主动性、创造性，加强经济资源、产业建设、科技文化教育、人才培养交流等方面的优势集成与互补。

（五）互利共赢。各方应主动改善合作环境、深化合作内容、落实合作措施、提高合作效益和水平，推动加快发展、协调发展、可持续发展，实现互利共赢。

第三条　合作要求

各方政府着重从下面四个方面推动合作发展：

（一）创造公平、开放的市场环境，促进生产要素的合理流动和优化组合。

（二）加强基础设施建设的协调，推动解决发展过程中相互关联的重大问题。

（三）动员和组织社会各界共同推进，逐步构筑泛珠三角区域发展的著名品牌，增强区域的整体影响力、竞争力。

（四）共同促进可持续发展。

第四条　合作领域

（一）基础设施。

1. 能源。各方积极推进泛珠三角区域内能源领域建立长期稳定的合作关系。积极实施“西电东送”等国家能源发展战略，加快能源建设项目的合作开发，鼓励省际间煤炭、天然气等能源的产销合作，实现区域内资源优势与市场需求的结合。

2. 交通。在国家有关部门的支持下，按照国家统一规划，加快构建适应区域合作发展要求的综合交通网络，逐步实现区域内交通运输一体化。

——公路。加强省际高速公路、国省道建设规划和港澳路网发展规划的衔接，加快跨省、跨境和出海通道的建设，构筑和完善区域公路交通运输网络。

——铁路。进一步完善区域内铁路发展规划，构建区域铁路运输快达网络。加快云南国际铁路、东南沿海铁路等列入国家发展规划的跨省（区）铁路项目的建设，加快广深港高速铁路、珠三角城际轨道的建设及与港澳的衔接。

——航空。加强各地航空公司间、机场间的合作，增加区域内飞行航线，促进区域内客货快速运送。

——航运。研究制定区域航运发展规划，促进区域内河航运、海运事业发展及与其他运输系统的衔接。

——加快港珠澳大桥规划、论证、建设进度。

3. 管道。按照国家规划，积极推动区域内输油、输气管道建设步伐。

（二）产业与投资。各方承诺加强协调，营造公平、开放和富有吸引力的投资环境，建立透明、便利、规范的投资促进机制。支持区域内企业间开展技术、生产、投资合作，形成优势互补、协作配套、共同发展的产业布局，提高整个区域的产业水平。

（三）商务与贸易。各方承诺加强信用建设，消除限制商品流通的地区障碍，建立健康、规范、有序的市场秩序。鼓励区域内贸易的合作与发展，共同推进落实《内地与香港关于建立更紧密经贸关系的安排》和《内地与澳门关于建立更紧密经贸关系的安排》。在国家指导下，依照内地与港澳《安排》的有关内容，在泛珠三角区域内推行工业制品和农产品质量标准、检验检测标准和认证标准的互认，加强地方和企业标准制定合作，互相认同法定检验单位出具的鉴定结果，促进商品自由流通。

（四）旅游。各方支持全面推进区域旅游合作，共同研究制定区域旅游发展战略和市场开发策略；建立区域旅游信息库；构建区域旅游网络营销系统，创建旅游电子商务服务平台；共同策划和推广区域精品旅游线路，树立区域旅游形象，打造区域旅游品牌。

（五）农业。各方同意建立稳定的粮食及其他农产品的购销关系，开辟区域农产品“绿色通道”，支持建立农业龙头企业对接机制，加强农业科技开发、特色农业开发，以及农产品生产、加工、销售的合作，促进食品安全体系的建立。

（六）劳务。各方同意加强劳务合作，开展劳动力供求信息传递交流和劳务输出输入组织合作，促进劳动力规范有序合理流动，协调解决劳务人员的合法权益保护和相关的日常管理工作。建立和完善劳动力职业技能培训、技工教育、职业技能鉴定和资格认证制度。提高区域内劳动力素质。

（七）科教文化。加强各地高等院校和科研院所科技与教育资源应用的合作，加强文化和人才交流。加快推进科技文献、科技信息、专家库、动植物资源和水文资源等基础性科技教育资源的联网共享；加强协调，建立区域科技创新体系；以高新技术及产业化开发为主，逐步建立区域科技项目合作机制和成果转化平台，推进区域产业协作和战略合作联盟。

（八）信息化建设。各方支持建设区域信息化交流网；加强与国家及国际相一致的电子商务规则标准和法规等方面的建设；建立区域信息交流协作机制，加强区域信息技术的研发和应用合作，实现资源共享。

（九）环境保护。各方同意建立区域环境保护协作机制，在清洁生产、水环境保护、生态环境保护、大气环境保护等方面加强合作，制定区域环境保护规划，加大珠江流域特别是中上游地区生态建设力度，强化区域内资源的保护，提高区域整体环境质量和可持续发展能力。

（十）卫生防疫。各方同意建立卫生防疫协作机制，一旦发生疫情，依法及时如实通报，协同疫病防控组织工作和疫病防治科技攻关。

上述合作领域所列仅为原则性内容。涉及各方或部分地方的跨省（区）具体合作项目，由各地方政府或企业在其后的协议或合同中商定。

第五条　合作机制

为保证有效开展合作，拓展合作渠道，各方同意建立合作协调机制。

（一）建立内地省长、自治区主席和港澳行政首长联席会议制度。每年举行一次会议，研究决定区域合作重大事宜，协调推进区域合作。

（二）建立港澳相应人员参加的政府秘书长协调制度。协调推进合作事项的进展，组织有关单位联合编制推进合作发展的专题计划，并向年度行政首长联席会议提交区域合作进展情况报告和建议。

设立日常工作办公室，负责区域合作日常工作。九省区区域合作的日常工作办公室设在发展改革委（厅），香港、澳门特别行政区由特区政府确定相应部门负责。

（三）建立部门衔接落实制度。各方责成有关主管部门加强相互间的协商与衔接落实，对具体合作项目及相关事宜提出工作措施，制定详细的合作协议、计划，落实本协议提出的合作事项。

第六条　论坛安排

各方认为，“泛珠三角区域合作与发展论坛”是推动区域合作的重要平台，按照“联合主办、轮流承办”的方式举办。该论坛与联席会议有机结合，原则上每年举办一次。下一届论坛承办方在当次论坛议定。论坛的规模、形式由承办方提出建议方案，经秘书长协调会议商定。统筹协调泛珠三角经贸合作洽谈会与九省区各自组织的赴港澳地区招商洽谈活动，泛珠三角经贸合作洽谈会原则上每年举办一次，方案由论坛承办方提出，经秘书长协调会议商定。

第七条　本协议二〇〇四年六月三日于广州签署。一式十一份，签署各方各执一份。

各方代表签字：

福建省人民政府

江西省人民政府

湖南省人民政府

广东省人民政府

广西壮族自治区人民政府

海南省人民政府

四川省人民政府

贵州省人民政府

云南省人民政府

香港特别行政区政府

澳门特别行政区政府

备注：《泛珠三角区域合作框架协议》于2004年6月3日在广州正式签署。

附录二 《泛珠三角区域省会城市合作协议》

为全面落实《泛珠三角区域合作框架协议》的精神，充分发挥省会城市在区域合作中的重要作用，推进区域合作的深入发展，福州市、南昌市、长沙市、广州市、南宁市、海口市、成都市、贵阳市、昆明市九个省会城市，经协商共同制定《泛珠三角区域省会城市合作协议》。

第一条 合作目标

泛珠三角区域省会城市应充分发挥其政治、经济、文化、科技等各方面的优势，全面合作，优势互补，形成更为强大的辐射力和影响力，促进各城市共同发展，成为泛珠三角区域全面合作的引擎，成为带动整个区域经济健康快速发展的火车头。为此，在区域合作中，应实现以下目标：

（1）发挥中心城市的集聚、扩散和示范功能，发挥中心城市在区域经济发展中的龙头带动作用。

（2）消除政策与制度方面的障碍，推动体制创新，实现制度创新成果的共享。

（3）为各类生产要素在区域间的合理流动创造良好条件，优化区域内各种资源配置，推动开放、统一、有序的大市场的形成。

（4）合作各方优势互补，互利共赢，实现经济效益与社会效益的最大化、城市经济与区域经济的共同发展。

（5）通过深化区域合作，整体提升区域对外对内开放水平，建成中国最具竞争力、国际最具投资吸引力的地区之一。

第二条 合作内容

1. 信息领域的合作

充分发挥中心城市作为区域信息中心的作用，加快泛珠三角省会城市之间信息基础设施建设，形成包括电子政务、电子商务、远程教育、远程医疗、社会公共数据库等在内的跨省的、全方位的、统一的信息互通大平台，促进省会城市政府之间的信息交换和共享，面向企业和公众提供一站式的信息服务。各省会城市牵头研究制定信息基础设施的总体方案和具体实施计划。加强政府、企业方方面面工作的信息沟通和交流，落实泛珠三角电子商务的相关标准和规范。建立省会城市的信息交流协作机制，加强省会城市在信息产业、信息技术等方面的研发和应用合作。

2. 交通领域的合作

按照国家统一规划和《泛珠三角区域合作框架协议》的要求，加强省会城市在交通领域的合作，建设省会城市综合交通大网络。打破区域和交通系统内部的部门分割，逐步实行高速公路的联网收费和交通运输管理一体化。在各自省有关部门的支持下，逐步建立交通运输一体化的市场体系，利用珠江水系资源、南海航道资源，开辟“黄金水道”，发展内河、海洋航运和水陆直达运输。开辟和完善省会城市之间的民航直达航班、铁路和公路直达班车。建立公路、铁路、民航、航运的客货运的信息共享平台和“客运异地联网售票系统”，促进泛珠三角交通运输一体化。加强交通运输部门与海关的协调和沟通，建设绿色通道，形成泛珠三角大通关服务平台，便捷省会城市间的人流、物流和商流。

3. 经贸与物流领域的合作

加强省会城市的经贸合作与交流，联合组织和举办经贸洽谈、名优特产品展销、招商引资和项目推荐等活动。各方应进一步清理妨碍合作的规章和条例，提高商贸法规、政策措施、收费标准等方面的透明度，消除生产要素自由流通的各种障碍，改善营商环境，降低交易成本，推进贸易自由化、投资便利化和市场一体化。鼓励企业异地投资和发展，引导企业加强合作和联系，帮助企业开拓市场和拓展商机。抓住中国—东盟自由贸易区建设的机遇，共同开拓东南亚、南亚国际大市场。

加强物流业的合作，整合区域物流资源，建立以省会城市为中心、覆盖整个区域的物流信息平台，积极推进电子口岸信息平台建设，实现各地方电子口岸互通互联、信息共享，促进物流企业跨地区、跨行业、跨部门经营发展。充分发挥省会城市会展业的优势，加强会展资源整合，合力打造一批特色鲜明、辐射面广、国内一流、世界知名的会展品牌，推进经济贸易交流与合作的全面发展。

4. 产业与投资领域的合作

充分发展省会城市各自的产业优势，加强产业发展领域的合作，促进各方产业优势互补，构建区域产业发展链条，提高泛珠三角产业的整体竞争力和创新能力。重点加强在能源、原材料、电子信息产业、汽车与装备制造业、新型建材业、石油化工、高效农业、生物医药等领域合作，促进区域产业合理布局。各方致力于营造公平、开放和富有吸引力的投资环境，建立起透明、便利、规范并具有竞争力的投资促进机制和投资促进网络，促进企业跨地区开展技术、生产、投资合作，形成优势互补、协作配套和共同发展的区域企业联盟及共同体。建设省会城市之间的一体化产权交易市场，鼓励国有资产和各种生产要素进入区域产权市场交易，合力推进“泛珠三角产权交易共同市场”的形成，优化区域资源配置。

5. 金融、旅游等服务业领域的合作

加强各省会城市在现代服务业领域的合作，提升各省会城市的服务业水平。逐步消除影响资金自由流动的体制障碍，推动金融机构跨境经营和互相参股，支持金融机构开展城际金融合作，建立异地客户服务中心，发放异地贷款，建立交易清算结算金融平台，鼓励金融创新，不断拓展合作领域。

促进旅游领域合作，建立以省会城市为中心的覆盖整个泛珠三角区域的统一的旅游大市场。整合各地旅游资源，走联合营销之路合力打造泛珠三角省会城市的精品旅游路线和品牌。鼓励跨地区设立旅行社和导游可以跨地区带团，鼓励各方旅行社之间及旅行社与旅游景点、旅游酒店等进行优势互补、形式多样的合作，建设旅游信息资源共享与合作的大平台。探索建立统一的旅游质量管理和监督体系。

加强信息咨询、管理、法律、会计、审计、产品设计、品牌制造、营销等中介服务的合作，清除服务贸易壁垒，营造泛珠三角合作发展的服务大平台。

6. 科、教、文、卫领域的合作

结合区域产业发展，进行重大科技项目合作研究，加强对科技成果产业化的投入与合作，逐步建立统一、开放、管理有序的技术产权交易市场。推进科技文献、科技信息、专家库、动植物资源、水文资源等基础性科技资源的协作共享和信息互动。

鼓励各市属高校开展校际合作，积极探索，创造教育资源共享的多种模式，如联合办学、师资交流学习、联合攻关。建立多层次、全方位的教育合作体系，探索基础教育（包括幼儿教育、九年义务制教育、普通高中教育）、高等教育、成人教育、职业教育、继续教育等多领域的合作。发挥潜能，扩大各市属高校相互间的招生份额。发挥各自优势，为城市经济社会发展培养所需的专业人才和特殊人才。鼓励社会力量跨地区办学。加强教育信息的交流，定期举行教育合作交流活动及教育发展的学术研讨，建立大中专院校毕业生就业信息互通机制。

共同建设“文化资讯网”，各方根据自身文化特色，创建自己的文化品牌项目，共建内容丰富的文化项目库。消除演出的区域壁垒，建立演出经营合作机制，实行各方的票务网对接，共同组成跨区域的宣传、销售网络。各方加强电视、报刊等媒体的合作，合力打造辐射全国的有强大品牌效应的媒体集团。建立文化人才培养和交流机制，以项目合作的方式实现文化人才资源的合理流动。以优惠政策鼓励和支持企业投资建设文化娱乐设施。实现图书馆书目数据的联网和共享。全面开展文物事业的合作和交流。

加强疾病预防、预报方面的信息交流，逐步建立以省会城市为中心，覆盖整个区域的卫生防疫系统。建立重大疾病防治方面的联合攻关和长期合作制度。加快医疗卫生信息平台的建设，促进卫生医疗信息资源共享，逐步建立远程诊断治疗系统。建立医疗卫生人才的培训与交流制度。建立假冒伪劣药品和医疗产品查处体系。建立统一的食品安全预警和监督网络。建立产品档案。

7. 人力资源开发与管理领域的合作

充分发挥省会城市在政策创新、职业教育、技能鉴定、信息交流等方面的优势，推进区域内人力资源开发与管理的全面合作。加快就业政策的创新与衔接，建立城市间人力资源机构协作网络，发挥其在职业介绍、就业培训、就业信息、远程招聘等方面的作用。建立统一的职业资格认证制度和质量保证体系。发挥各种人才中介组织在城市间人力资源交流方面的作用。实行城市间干部交流挂职制度，交流经验、取长补短，中期和短期相结合、虚职和实职相结合。

第三条　合作机制

（1）建立联席会议制度。每年定期召开九省区省会城市市长参加的联席会议，研究解决合作中的重大问题，并根据省区合作的新精神调整本协议的相关内容。

（2）建立市政府秘书长协调制度。协调推进合作事项的进展，组织有关单位联合编制专项合作计划，并向年度联席会议提交主要合作项目的进展情况报告和建议。设立日常工作办公室，负责合作的日常工作。

（3）建立部门衔接落实制度。合作各方责成有关主管部门加强相互间的协商与衔接落实，对具体合作项目及相关事宜提出具体实施措施，制定详细的合作协议、计划和工作方案，落实本协议提出的合作事项。对已达成合作意向和已签约的合作项目由有关管理部门跟踪服务和协调落实。

（4）设立“市长论坛”，实行“联合主办、轮流承办”的原则。“市长论坛”与联席会议有机结合，每年举办一次，上届论坛决定下届承办城市。“市长论坛”可结合承办城市的重大会展、商贸洽谈活动举行。

（5）发挥行业协会、商会等民间组织在区域合作中的协调作用。推进泛珠三角区域省会城市各类行业协会或商会之间的联合与合作，充分发挥其在招商引资、信息交流、行业自律、反倾销等方面的重要作用。

（6）合作出版学术研究刊物，研究、总结合作和发展中的经验，展现专家观点，体现民情民意。

（7）围绕共同关心的重大问题，进行联合研究合作，为联席会议提供决策服务。

第四条 本协议二○○四年九月十七日于广州签署。一式九份，签署各方各执一份。协议从签字之日起生效。任何关于本协议的解释、实施和适用方面问题，通过磋商以友好的方式加以解决。

各方代表签字：

福州市人民政府

南昌市人民政府

长沙市人民政府

广州市人民政府

南宁市人民政府

海口市人民政府
成都市人民政府
贵阳市人民政府
昆明市人民政府

附录三 《泛珠三角区域知识产权合作协议》

为贯彻落实《泛珠三角区域合作框架协议》，福建、江西、湖南、广东、广西、海南、四川、贵州、云南九个省区知识产权保护和管理部门决定加强合作，积极推动泛珠三角区域的全面合作与发展，为增强区域整体实力和竞争力服务。现经各方知识产权保护和管理部门协商一致，制定本协议。

第一条 合作宗旨

按照《泛珠三角区域合作框架协议》确定的宗旨，充分发挥各方的优势和特色，在知识产权领域加强交流与合作，提高知识产权创造、保护、管理和运用的水平，打破地区保护，规范市场经济秩序，加快产业及技术转移，增进地区间投资增长，促进泛珠三角区域经济共同发展。

第二条 合作原则

（一）自愿参与。各方自愿合作，参与本协议全部或部分合作项目。

（二）开放公平。各方在合作框架中享有发展的平等地位和权利，坚持非排他性和非歧视性，打破地区封锁，促进区域开放。

（三）互动互补。充分发挥各方的积极性、主动性和创造性，促进资源共享，加强优势集成与互补。

（四）依法行政。坚持一国两制方针和依法行政原则，努力营造规范、有序的知识产权保护环境。

第三条 合作要求

（一）各方应主动创造合作条件，落实合作措施，拓宽合作领域，提高合作效益和水平。

（二）加强沟通协调，促进优势互补，协商解决相互关联的重大知识产权问题。

（三）充分发挥政府的推动作用，动员和组织社会各界力量，共同推动泛珠三角区域提升整体知识产权保护水平。

第四条　合作内容

（一）政策研讨。统筹协调各方资源和人才优势，加强调研及学术交流与合作，实时研究政府知识产权工作面临的共性问题、难点和热点问题及战略性问题，探索有效的解决渠道和措施，提高政府知识产权管理水平。

（二）宣传与培训。加大知识产权宣传培训力度，加强培训课程和教材等方面资源和信息的共享，培养满足区域发展要求的知识产权人才，提高区域知识产权意识。

（三）中介与信息服务。消除地区障碍，加强规范和管理，统一知识产权中介服务机构市场准入标准和从业纪律，提高从业人员职业道德水平及服务质量；加强中介人才交流与合作，促进中介市场规范和繁荣发展；开展知识产权信息公众服务领域的合作，促进信息资源共享和优势互补，切实提高信息服务和公众信息利用水平。

（四）企事业单位知识产权管理。建立定期交流与考察学习机制，及时交流企事业单位知识产权管理成功经验，提高企事业单位运用知识产权制度的能力和水平，增强区域技术创新水平。

（五）知识产权保护。九省区间打破地方保护，加强区域内知识产权执法部门间的沟通与协调，形成统一、有效、规范的知识产权保护秩序，整体提高区域知识产权保护水平。

（六）专利技术转移与产业化。建立区域专利技术转移促进机制，推动专利技术产业化及区域间的合作与转移，充分发展各方的产业优势，促进产业优势互补，构建区域产业发展链条，提高泛珠三角产业的整体竞争力和创新能力。

第五条　合作机制

为保证有效开展合作，各方同意建立以下合作机制。

（一）建立联席会议制度。会议成员由协议各方省区级知识产权协调机构及相关专利、商标、版权管理部门负责人组成。会议每年举行一次，研究决定合作重大事宜，必要时可召开临时联席会议。会议由协议各方轮流召集和主持，每届会议确定下届会议的主办方、时间和地点。会议设会议主席，由当年主持会议的省区知识产权负责人担任。

（二）建立联络员制度。各省区确定一名联络员，负责联络、沟通和协调工作。联络员应加强跟踪、落实和情况反馈，畅通各成员单位信息交流渠道，提高工作效率，确保各项合作项目的顺利完成。

（三）建立专题工作小组制度。根据每年联席会议确定的合作项目，成立相应的专题工作小组，开展具体的专项合作工作。专题工作小组成员由协议各方指定，对具体合作项目及相关事宜制定合作计划，提出工作措施，落实合作事项，并定期向联席会议报告合作项目落实情况。

第六条 联席会议视合作情况，经三分之二以上成员同意，可对本协议进行修订。

第七条 本协议一式九份，签署各方各执一份，二〇〇四年十二月二十九日在广州签署，自签署之日起生效。

第八条 各成员方代表签字。

附录四 《内地与香港关于建立更紧密经贸关系的安排》①

前 言

为促进内地和香港特别行政区（以下简称“双方”）经济的共同繁荣与发展，加强双方与其他国家和地区的经贸联系，双方决定签署《内地与香港关于建立更紧密经贸关系的安排》（以下简称“《安排》”）。

第一章 总 则

第一条 目标

通过采取以下措施，加强内地与香港特别行政区（以下简称“香港”）之间的贸易和投资合作，促进双方的共同发展：

① 附录四中的附录1至附录6及表1详见 http：//www. tid. gov. hk/sc_chi/cepa/legaltext/fulltext. html

一、逐步减少或取消双方之间实质上所有货物贸易的关税和非关税壁垒；

二、逐步实现服务贸易自由化，减少或取消双方之间实质上所有的歧视性措施；

三、促进贸易投资便利化。

第二条 原则

《安排》的达成、实施以及修正应遵照以下原则：

一、遵循“一国两制”的方针；

二、符合世界贸易组织的规则；

三、顺应双方产业结构调整和升级的需要，促进稳定和可持续发展；

四、实现互惠互利、优势互补、共同繁荣；

五、先易后难，逐步推进。

第三条 建立与发展

一、双方自2004年1月1日起开始实施《安排》下货物贸易和服务贸易自由化的具体承诺。

二、双方将通过不断扩大相互之间的开放，增加和充实《安排》的内容。

第四条 中国加入世界贸易组织法律文件中特定条款的不适用

双方认识到，内地经过20多年的改革开放，市场经济体制不断完善，内地企业的生产与经营活动已经符合市场经济的要求。双方同意《中国加入世界贸易组织议定书》第十五条和第十六条，以及《中国加入世界贸易组织工作组报告书》第242段的内容不再适用于内地与香港之间的贸易。

第二章 货物贸易

第五条 关税

一、香港将继续对原产内地的所有进口货物实行零关税。

二、自2004年1月1日起，内地将对附录1中表1列明的所有准备从香港进口的货物实行零关税。

三、不迟于2006年1月1日，内地将对附录1中表1以外的所有准备从香港进口的货物实行零关税。具体实施步骤载于附录1。

四、任何根据本条第三款取消进口关税的货物应补充列入附录1中。

第六条 关税配额和非关税措施

一、一方将不对原产于另一方的进口货物采取与世界贸易组织规则不符的非关税措施。

二、内地将不对原产香港的进口货物实行关税配额。

第七条 反倾销措施

双方承诺一方将不对原产于另一方的进口货物采取反倾销措施。

第八条 补贴与反补贴措施

双方重申遵守世界贸易组织《补贴与反补贴措施协议》及《1994年关税与贸易总协议》第十六条的规定，并承诺一方将不对原产于另一方的进口货物采取反补贴措施。

第九条 保障措施

如因《安排》的实施造成一方对列入附录1中的原产于另一方的某项产品的进口激增，并对该方生产同类或直接竞争产品的产业造成严重损害或严重损害威胁的，该方可在以书面形式通知对方后临时性地中止该项产品的进口优惠，并应尽快应对方的要求，根据《安排》第十九条的规定开始磋商，以达成协议。

第三章 原产地

第十条 原产地规则

一、适用于《安排》下货物贸易优惠措施的原产地规则载于附录2。

二、为保证货物贸易优惠措施的实施，双方决定加强和扩大行政互助的内容和范围，包括制定和实施严格的原产地证签发程序，建立核查监管机制，实行双方发证和监管机关联网、电子数据交换等措施，具体内容载于附录3。

第四章　服务贸易

第十一条　市场准入

一、一方将按照附录4列明的内容和时间对另一方的服务及服务提供者逐步减少或取消实行的限制性措施。

二、应一方的要求，双方可通过协商，进一步推动双方服务贸易的自由化。

三、任何根据本条第二款实行的服务贸易自由化措施应补充列入附录4。

第十二条　服务提供者

一、《安排》中“服务提供者”的定义及相关规定载于附录5。

二、任何世界贸易组织其他成员的服务提供者，如系根据一方的法律所设立的法人并在该方从事附录5中规定的“实质性商业经营”，则有权享受另一方在《安排》下给予该方服务提供者的优惠。

第十三条　金融合作

双方采取以下措施，进一步加强在银行、证券和保险领域的合作：

一、内地支持国有独资商业银行及部分股价制商业银行将其国际资金外汇交易中心移到香港；

二、支持内地银行在香港以收购方式发展网络和业务活动；

三、内地在金融改革、重组和发展中支持充分利用和发挥香港金融中介机构的作用；

四、双方加强金融监管部门的合作和信息共享；

五、内地本着尊重市场规律、提高监管效率的原则，支持符合条件的内地保险企业以及包括民营企业在内的其他企业到香港上市。

第十四条　旅游合作

一、为进一步促进香港旅游业的发展，内地将允许广东省境内的居民个人赴港旅游。此项措施首先在东莞、中山、江门三市试行，并不迟于2004年7月1日在广东省全省范围内实施。

二、双方加强在旅游宣传和推广方面的合作，包括促进相互旅游以及开展以珠江三角洲为基础的对外推广活动。

三、通过合作，提高双方旅游行业的服务水平，保障游客的合法权益。

第十五条　专业人员资格的相互承认

一、双方鼓励专业人员资格的相互承认，推动彼此之间的专业技术人才交流。

二、双方主管部门或行业机构将研究、协商和制定相互承认专业人员资格的具体办法。

第五章　贸易投资便利化

第十六条　措施

双方通过提高透明度、标准一致化和加强信息交流等措施与合作，推动贸易投资便利化。

第十七条　合作领域

一、双方将在以下领域加强合作：

1. 贸易投资促进；
2. 通关便利化；
3. 商品检验检疫、食品安全、质量标准；
4. 电子商务；
5. 法律法规透明度；
6. 中小企业合作；
7. 中医药产业合作。

二、本条第一款所列领域的具体合作内容载于附录6。

三、应一方的要求，双方可通过协商，增加贸易投资便利化的合作领域或内容。

四、任何根据本条第三款增加的领域或内容应补充列入附录6。

第六章　其他条款

第十八条　例外

《安排》及其附录所载规定并不妨碍内地或香港维持或采取与世界贸易组织规则相一致的例外措施。

第十九条　机构安排

一、双方成立联合指导委员会（以下简称“委员会”）。委员会由双方高层代表或指定的官员组成。

二、委员会设立联络办公室，并可根据需要设立工作组。联络办公室分别设在中央人民政府商务部及香港特别行政区政府工商及科技局。

三、委员会的职能包括：

1. 监督《安排》的执行；
2. 解释《安排》的规定；
3. 解决《安排》执行过程中可能产生的争议；
4. 拟订《安排》内容的增补及修正；
5. 指导工作组的工作；
6. 处理与《安排》实施有关的任何其他事宜。

四、委员会每年至少召开一次例会，并可在一方提出要求后30天内召开特别会议。

五、双方将本着友好合作的精神，协商解决《安排》在解释或执行过程中出现的问题。委员会采取协商一致的方式作出决定。

第二十条　杂项

一、除非《安排》另有规定，依据《安排》采取的任何行动不应影响或废止一方依据其余为缔约方在其他协议下所享受的权利和承担的义务。

二、双方应努力避免增加影响实施《安排》的限制性措施。

第二十一条　附录

《安排》的附录构成《安排》的组成部分。

第二十二条　修正

根据需要，双方可以局面形式修正《安排》或附录的内容。任何修正在双方授权的代表签署后正式生效。

第二十三条　生效

《安排》自双方代表正式签署之日起生效。

《安排》以中文书就，一式两份。

《安排》于二〇〇三年六月二十九日在香港签署。

附录五　《内地与澳门关于建立更紧密经贸关系的安排》[①]

前　言

为促进内地和澳门特别行政区（以下简称“双方”）经济的共同繁荣与发展，加强双方与其他国家和地区的经贸联系，双方决定签署《内地与澳门关于建立更紧密经贸关系的安排》（以下简称“《安排》”）。

第一章　总　则

第一条　目标

通过采取以下措施，加强内地与澳门特别行政区（以下简称“澳门”）之间的贸易和投资合作，促进双方的共同发展：

一、逐步减少或取消双方之间实质上所有货物贸易的关税和非关税壁垒；

二、逐步实现服务贸易自由化，减少或取消双方之间实质上所有歧视性措施；

三、促进贸易投资便利化。

第二条　原则

《安排》的达成、实施以及修正应遵照以下原则：

一、遵循“一国两制”的方针；

二、符合世界贸易组织的规则；

三、顺应双方产业结构调整和升级的需要，促进稳定和可持续发展；

四、实现互惠互利、优势互补、共同繁荣；

五、先易后难，逐步推进。

第三条　建立与发展

一、双方自 2004 年 1 月 1 日起开始实施《安排》下货物贸易和

---

① 附录五中的附录 1 至附录 6 及表 1 详见 www. economia. gov. mo

服务贸易自由化的具体承诺。

二、双方将通过不断扩大相互之间的开放，增加和充实《安排》的内容。

第四条 中国加入世界贸易组织法律文件中特定条款的不适用

双方认识到，内地经过20多年的改革开放，市场经济体制不断完善，内地企业的生产与经营活动已经符合市场经济的要求。双方同意《中国加入世界贸易组织议定书》第十五条和第十六条，以及《中国加入世界贸易组织工作组报告书》第242段的内容不再适用于内地与澳门之间的贸易。

第二章 货物贸易

第五条 关税

一、澳门将继续对原产内地的所有进口货物实行零关税。

二、自2004年1月1日起，内地将对附录1中表1列明的原产澳门的进口货物实行零关税。

三、不迟于2006年1月1日，内地将对附录1中表1以外的原产地澳门的进口货物实行零关税。具体实施步骤载于附录1。

四、任何根据本条第三款取消进口关税的货物应补充列入附录1中。

第六条 关税配额和非关税措施

一、一方将不对原产于另一方的进口货物采取与世界贸易组织规则不符的非关税措施。

二、内地将不对原产澳门的进口货物实行关税配额。

第七条 反倾销措施

双方承诺一方将不对原产于另一方的进口货物采取反倾销措施。

第八条 补贴与反补贴措施

双方重申遵守世界贸易组织《补贴与反补贴措施协定》及《1994年关税与贸易总协定》第十六条的规定，并承诺一方将不对原产于另一方的进口货物采取反补贴措施。

第九条 保障措施

如因《安排》的实施造成一方对列入附录1中的原产于另一方

的某项产品的进口激增，并对该方生产同类或直接竞争品的产业造成严重损害或严重损害威胁的，该方可在以书面形式通知对方后临时性地中止该项产品的进口优惠，并应尽快应对方的要求，根据《安排》第十九条的规定开始磋商，以达成协议。

第三章　原产地

第十条　原产地规则

一、适用于《安排》下货物贸易优惠措施的原产地规则载于附录2。

二、为保证货物贸易优惠措施的实施，双方决定建立和加强行政互助，包括制定和实施严格的原产地证签发程序，建立核查监管机制，实行双方发证和监管机关联网、电子数据交换等措施，具体内容载于附录3。

第四章　服务贸易

第十一条　市场准入

一、一方将按照附录4列明的内容和时间对另一方的服务及服务提供者逐步减少或取消实行的限制性措施。

二、应一方的要求，双方可通过协商，进一步推动双方服务贸易的自由化。

三、任何根据本条第二款实行的服务贸易自由化措施应补充列入附录4。

第十二条　服务提供者

一、《安排》中“服务提供者”的定义及相关规定载于附录5。

二、任何世界贸易组织其他成员的服务提供者，如系根据一方的法律所设立的法人并在该方从事附录5中规定的“实质性商业经营”，则有权享受另一方在《安排》下给予该方服务提供者的优惠。

第十三条　金融合作

双方采取以下措施，进一步加强在银行、证券和保险领域的合作：

一、支持内地金融机构到澳门开展业务；

二、支持内地银行在澳门以收购方式发展网络和业务活动；

三、鼓励、协助和支持澳门与内地银行、证券和保险机构之间的业务交流；

四、加强金融监管部门之间的合作和信息共享。

第十四条　旅游合作

一、为进一步促进澳门旅游业的发展，内地允许北京市、上海市和广东省的广州市、深圳市、珠海市、东莞市、中山市、江门市、佛山市、惠州市的居民个人赴澳门旅游，并不迟于2004年7月1日在广东省全省范围实施。

二、双方加强在旅游宣传和推广方面的合作，包括促进相互旅游以及开展以珠江三角洲为基础的对外推广活动。

三、通过合作，提高双方旅游行业的服务水平，保障游客的合法权益。

第十五条　专业人员资格的相互承认

一、双方鼓励专业人员资格的相互承认，推动彼此之间的专业技术人才交流。

二、双方主管部门或行业机构将研究、协商和制定相互承认专业人员资格的具体办法。

第五章　贸易投资便利化

第十六条　措施

双方通过提高透明度、标准一致化和加强信息交流等措施与合作，推动贸易投资便利化。

第十七条　合作领域

一、双方将在以下领域加强合作：

1. 贸易投资促进；

2. 通关便利化；

3. 商品检验、动植物检验检疫、食品安全、卫生检疫、认证认可及标准化管理；

4. 电子商务；

5. 法律法规透明透；

6. 中小企业合作；

7. 产业合作。

二、本条第一款所列领域的具体合作内容载于附录6。

三、应一方的要求，双方可通过协商，增加贸易投资便利化的合作领域或内容。

四、任何根据本条第三款增加的领域或内容应补充列入附录6。

第六章　其他条款

第十八条　例外

《安排》及其附录所载规定并不妨碍内地或澳门维持或采取与世界贸易组织规则相一致的例外措施。

第十九条　机构安排

一、双方成立联合指导委员会（以下简称“委员会”）。委员会由双方高层代表或指定的官员组成。

二、委员会设立联络办公室，并可根据需要设立工作组。联络办公室分别设在中央人民政府商务部及澳门特别行政区政府经济财政司司长办公室。

三、委员会的职能包括：

1. 监督《安排》的执行；

2. 解释《安排》的规定；

3. 解决《安排》执行过程中可能产生的争议；

4. 拟订《安排》内容的增补及修正；

5. 指导工作组的工作；

6. 处理与《安排》实施有关的任何其他事宜。

四、委员会每年至少召开一次例会，并可在一方提出要求后30天内召开特别会议。

五、双方将本着友好合作的精神，协商解决《安排》在解释或执行过程中出现的问题，委员会采取协商一致的方式作出决定。

第二十条　杂项

一、除非《安排》另有规定，依据《安排》采取的任何行动不应影响或废止一方依据其作为缔约方在其他协议下所享受的权利和承担的义务。

二、双方应努力避免增加影响实施《安排》的限制性措施。

第二十一条　附录

《安排》的附录构成《安排》的组成部分。

第二十二条　修正

根据需要，双方可以书面形式修正《安排》或附录的内容。任何修正在双方授权的代表签署后正式生效。

第二十三条　生效

《安排》自双方代表正式签署之日起生效。

《安排》以中文书就，一式两份。

《安排》于二〇〇三年十月十七日在澳门签署。

附录六　《关于进一步加强高技能人才工作的意见》

为贯彻落实《中共中央、国务院关于进一步加强人才工作的决定》和《中共中央、国务院关于实施科技规划纲要增强自主创新能力的决定》精神，加快高技能人才队伍建设，充分发挥高技能人才在国家经济社会发展中的重要作用，现就进一步加强高技能人才工作提出如下意见。

一、加快推进人才强国战略，切实把加强高技能人才工作作为推动经济社会发展的一项重大任务来抓

（一）充分认识做好高技能人才工作的重要性和紧迫性。高技能人才是我国人才队伍的重要组成部分，是各行各业产业大军的优秀代表，是技术工人队伍的核心骨干，在加快产业优化升级、提高企业竞争力、推动技术创新和科技成果转化等方面具有不可替代的重要作用。改革开放以来，我国高技能人才工作取得了显著成绩，人才队伍不断壮大。但是，随着经济全球化趋势深入发展，科技进步日新月异，我国经济结构调整不断加快，人力资源能力建设要求不断提高，高技能人才工作也面临严峻挑战。从总体上看，高技能人才工作基础薄弱，培养体系不完善，评价、激励、保障机制不健全，轻视技能劳动和技能劳动者的传统观念仍然存在。当前，高技能人才的总量、结构和素质还不能适应经济社会发展的需要，特别是在制造、加工、建筑、能源、环保等传统产业和电子信息、航空航天等高新技术产业以及现代服务业领域，高技能人才严重短缺，已成为制约经济社会持续发展和阻碍产业升级的“瓶颈”。

本世纪头二十年，是我国全面建设小康社会、开创中国特色社会主义事业新局面的重要战略机遇期。加快推进人才强国战略，大力加强高技能人才工作，培养造就一大批具有高超技艺和精湛技能的高技能人才，稳步提升我国产业工人队伍的整体素质，是增强我国核心竞争力和自主创新能力、建设创新型国家的重要举措，是在新的历史条件下巩固和发展工人阶级先进性、增强党的阶级基础的必然要求，对于促进人的全面发展，营造人才辈出、人尽其才的社会氛围，对于全面贯彻落实科学发展观、构建社会主义和谐社会，具有重大而深远的意义。各级党委和政府要进一步提高认识，坚决贯彻尊重劳动、尊重知识、尊重人才、尊重创造的方针，牢固树立科学的人才观，不断增强做好高技能人才工作的责任感和紧迫感，把高技能人才工作作为加快推进人才强国战略的重要内容，努力开创高技能人才队伍建设的新局面。

（二）高技能人才工作的指导思想和目标任务。高技能人才工作的指导思想是，以邓小平理论和“三个代表”重要思想为指导，全面贯彻落实科学发展观，大力实施人才强国战略，坚持党管人才原则，以职业能力建设为核心，紧紧抓住技能培养、考核评价、岗位使用、竞赛选拔、技术交流、表彰激励、合理流动、社会保障等环节，进一步更新观念、完善政策、创新机制，充分发挥市场在高技能人才资源开发和配置中的基础性作用，健全和完善企业培养、选拔、使用、激励高技能人才的工作体系，形成有利于高技能人才成长和发挥作用的制度环境和社会氛围，带动技能劳动者队伍整体素质的提高和发展壮大。

当前和今后一个时期，高技能人才工作的目标任务是，加快培养一大批数量充足、结构合理、素质优良的技术技能型、复合技能型和知识技能型高技能人才，建立培养体系完善、评价和使用机制科学、激励和保障措施健全的高技能人才工作新机制，逐步形成与经济社会发展相适应的高、中、初级技能劳动者比例结构基本合理的格局。到“十一五”期末，高级技工水平以上的高技能人才占技能劳动者的比例达到25%以上，其中技师、高级技师占技能劳动者的比例达到5%以上，并带动中、初级技能劳动者队伍梯次发展。力争到2020年，使我国高、中、初级技能劳动者的比例达到中等发达国家水平，形成与经济社会和谐发展的格局。

二、完善高技能人才培养体系，大力加强高技能人才培养工作

（三）动员社会各方面力量开展高技能人才培养工作。针对经济社会发展实际需要，健全和完善以企业行业为主体、职业院校为基础、学校教育与企业培养紧密联系、政府推动与社会支持相互结合的高技能人才培养体系。在国家发展职业教育、实施国家技能型人才培养培训工程中，突出高技能人才培养工作。充分发挥高等职业院校和高级技工学校、技师学院的培训基地作用。大力发展民办职业教育和培训，充分发挥各类社会团体在高技能人才培养中的作用。建立现代企业职工培训制度和高技能人才校企合作培养制度，加快高技能人才培养步伐。结合国家重大工程和重大科技计划项目的实施，以及重大技术和重大装备的引进消化吸收再创新培养高技能人才。结合产业结构调整，加大对包括农民工在内的新产业工人中高技能人才的培养力度。

（四）以企业行业为主体，开辟高技能人才培养的多种途径。行业主管部门和行业组织要结合本行业生产、技术发展趋势以及高技能人才队伍现状，做好需求预测和培养规划，提出本行业高技能人才合理配置标准，指导本行业开展高技能人才培养工作。

增强企业对高技能人才培养工作重要性的认识，充分发挥企业培养高技能人才的主体作用。各类企业特别是大型企业（集团），应结合企业生产发展和技术创新需要制定高技能人才培养规划，并纳入企业发展总体规划。企业应依法建立和完善职工培训制度，加强上岗培训和岗位技能培训，可采取自办培训学校和机构，与职业院校和培训机构联合办学、委托培养等方式，加快培养高技能人才。鼓励企业推行企业培训师制度和名师带徒制度，建立技师研修制度，并通过技术交流等活动促进高技能人才成长。鼓励企业依托车间班组，通过岗位练兵、岗位培训、技术比赛等形式，促进职工在岗位实践中成才。鼓励企业结合技术创新、技术改造和技术项目引进，利用国内、国际两种资源，开展新技术、新工艺、新材料等相关知识和技能培训，并通过研发攻关等活动，促进高技能人才培养。国有和国有控股企业要将高技能人才培养规划的制定和实施情况作为企业经营管理者业绩考核的内容之一，定期向职工代表大会报告。积极支持、推动和引导非公有制企业开展高技能人才培养工作。

机关事业单位也要结合各自实际，做好本部门本单位的高技能人才培养工作。

（五）建立高技能人才校企合作培养制度。各地要建立高技能人才校企合作培养制度，可由政府及有关部门负责人、企业行业和职业院校代表，以及有关方面专家组成高技能人才校企合作培养协调指导委员会，研究制定校企合作培养高技能人才的发展规划，确定培养方向和目标，指导和协调学校与企业开展合作。

进一步调整教育结构，对承担高技能人才培养任务的各类职业院校，要规范办学方向和培养标准。职业院校应以市场需求为导向，深化教学改革，紧密结合企业技能岗位的要求，对照国家职业标准，确定和调整各专业的培养目标和课程设置，与合作企业共同制定实训方案，采取全日制与非全日制、导师制等多种方式实施培养。对积极运用市场机制开展校企合作，实施产学结合，并在高技能人才培养方面作出突出成绩的职业院校，中央财政在实训基地建设等方面给予支持和奖励。鼓励普通高校毕业生参加职业技能培训。

企业应结合对高技能人才的实际需求，与职业院校联合制定培养计划，提供实习场地，选派实习指导教师，组织学员参与技术攻关。支持企业为职业院校建立学生实习实训基地。实行校企合作的定向培训费用可从企业职工教育经费中列支。对积极开展校企合作承担实习见习任务、培训成效显著的企业，由当地政府给予适当奖励。

（六）支持和鼓励职工参加职业技能培训。鼓励广大职工学习新知识和新技术，钻研岗位技能，积极参与技术革新和攻关项目，不断提高运用新知识解决新问题、运用新技术创造新财富的能力。鼓励并支持企业通过出国培训（研修）和引进国外先进培训资源等方式培养高技能人才。职工经单位同意参加脱产或半脱产培训，用人单位要按国家有关规定制定参加培训人员的薪酬制度和激励办法。对参加当地紧缺职业（工种）高级技能以上培训，获得相应职业资格且被企业聘用的人员，企业可给予一定的培训和鉴定补贴。

（七）加强高技能人才培训基地建设。充分发挥现有教育培训资源的作用，依托大型骨干企业（集团）、重点职业院校和培训机构，建设一批示范性国家级高技能人才培训基地。有条件的城市，可多方筹集资金，根据本地区支柱产业发展的需求，建立布局合理、技能含量高、面向社会提供技能培训和技能鉴定服务的公共实训基地。

三、以能力和业绩为导向，建立和完善高技能人才考核评价、竞赛选拔和技术交流机制

（八）健全和完善高技能人才考核评价制度。大力加强职业技能鉴定工作，积极推行职业资格证书制度，进一步突破年龄、资历、身份和比例限制，加快建立以职业能力为导向、以工作业绩为重点，注重职业道德和职业知识水平的高技能人才评价体系。要结合生产和服务岗位要求，强化标准，健全程序，坚持公开、公平、公正的原则，进一步完善符合高技能人才特点的业绩考核内容和评价方式，反对和防止高技能人才考评中的不正之风。对在技能岗位工作并掌握高超技能、作出重大贡献的骨干人才，可进一步突破工作年限和职业资格等级的要求，允许他们破格或越级参加技师、高级技师考评。

积极探索高技能人才多元评价机制，逐步完善社会化职业技能鉴定、企业技能人才评价、院校职业资格认证和专项职业能力考核的实施办法。依托具备条件的大型企业，逐步开展高技能人才评价改革试点。试点企业可按规定，结合企业生产和科研活动实际，开展技师、高级技师考核鉴定工作。在职业院校开展职业技能鉴定工作，大力推行职业资格证书制度，努力使学生在获得学历证书的同时，取得相应的职业资格证书。开发与后备高技能人才评价要求相适应的课程标准。选择部分职业院校进行预备技师考核试点，取得预备技师资格的毕业生在相应职业岗位工作满两年后，经单位认可，可申报参加技师考评。推行专项职业能力考核制度，为劳动者提供专项职业能力公共认证服务。

（九）广泛开展职业技能竞赛活动。引导社会各方面力量，开展各种形式的岗位练兵和职业技能竞赛等活动，为发现和选拔高技能人才创造条件。对职业技能竞赛中涌现出来的优秀技能人才，在给予精神和物质奖励的同时，可按有关规定直接晋升职业资格或优先参加技师、高级技师考评。

（十）积极组织高技能人才技术交流活动。依托公共职业介绍机构、人才交流机构或有条件的大型企业（集团）、行业组织、职业院校，或通过科技协会、技师协会、职工技术协会、职业教育培训协会以及高技能人才工作室等，举办各种形式的高技能人才主题活动，为高技能人才参与高新技术开发、同业技术交流以及与科技人才交流、绝招绝技和技能成果展示等创造条件。挖掘和保护具有民族特色的民间传统技艺，实现代际传承，使之发扬光大。鼓励和支持高技能人才参与国际间职业技能交流活动。

四、建立高技能人才岗位使用和表彰激励机制，激发高技能人才的创新创造活力

（十一）健全高技能人才岗位使用机制。进一步推行技师、高级技师聘任制度。充分发挥技师、高级技师在技能岗位的关键作用，以及在解决技术难题、实施精品工程项目和带徒传技等方面的重要作用。鼓励企业根据自身发展需要，探索建立高技能人才带头人制度，在进行重大生产决策、组织重大技术革新和技术攻关项目时，要充分发挥高技能人才带头人的作用，并给予经费等方面的支持。高技能人才配置状况应作为生产经营性企业及实体等参加重大工程项目招投标、评优和资质评估的必要条件。

（十二）进一步完善高技能人才激励机制。引导和鼓励用人单位完善培训、考核、使用与待遇相结合的激励机制。引导和督促企业根据市场需求和经营情况，完善对高技能人才的激励办法，对优秀高技能人才实行特殊奖励政策。允许国有高新技术企业探索实施有利于鼓励优秀高技能人才创新创造的收入分配制度。企业应对高技能人才在聘任、工资、带薪学习、培训、休假、出国进修等方面制定相应的鼓励办法；对到企业技能岗位工作的各类职业院校毕业生，应合理确定工资待遇；对参加科技攻关和技术革新，并作出突出贡献的高技能人才，可从成果转化所得收益中通过奖金等多种形式给予相应奖励。

（十三）表彰和奖励作出突出贡献的高技能人才。以政府奖励为导向，企业奖励为主体，辅以必要的社会奖励，对作出突出贡献的高技能人才进行表彰和奖励。对为国家和社会发展作出杰出贡献的高技能人才给予崇高荣誉并实行重奖，进一步完善国家技能人才评选表彰制度，对中华技能大奖获得者和全国技术能手给予奖励，并通过企业支持、社会赞助等多种方式筹集经费，鼓励他们参加培训深造、带徒传技、同业交流、技术创新等活动。省、自治区、直辖市人民政府应对作出突出贡献的高技能人才进行奖励，并参照高层次人才有关政策确定相应待遇。

五、完善高技能人才合理流动和社会保障机制，提高高技能人才配置和保障水平

（十四）引导高技能人才按需合理流动。坚持以市场为导向，依法维护用人单位和高技能人才的合法权益，保证人才流动的规范性和有序性。建立健全高技能人才柔性流动和区域合作机制，鼓励高技能人才通过兼职、服务、技术攻关、项目引进等多种方式发挥作用。加强对高技能人才流动的宏观调控，采取有效措施，鼓励和引导高技能人才向西部地区重点建设项目流动。建立健全高技能人才流动服务体系，完善高技能人才信息发布制度，定期发布高技能人才供求信息和工资指导价位信息，引导高技能人才遵循市场规律合理流动。探索引进国内紧缺、企业急需的海外高技能人才。在公共职业介绍机构开设专门窗口，为高技能人才提供职业介绍、职业培训、劳动合同鉴证、社会保险关系办理、代存档案等“一站式”服务。鼓励人才交流和社会各类职业中介机构为高技能人才提供相应服务。

（十五）完善高技能人才社会保障制度。在进一步落实好高技能人才社会保障权益的同时，做好高技能人才在不同所有制单位、不同性质单位、不同行业和跨地区流动中社会保险关系的接续工作，逐步突破部门、行业、地域和所有制限制。高技能人才跨统筹地区流动，基本养老保险个人账户基金按规定转移。具备条件的企业，应积极探索为包括生产、服务一线的高技能人才在内的各类人才建立企业年金制度和补充医疗保险。

六、加大资金投入，做好高技能人才基础工作

（十六）加大资金投入力度，建立政府、企业、社会多渠道筹措的高技能人才投入机制。各级政府要根据高技能人才工作需要，对高技能人才的评选、表彰、师资培训、教材开发等工作经费给予必要的支持。地方各级政府要按规定合理安排城市教育费附加的使用，对高技能人才培养给予支持。要从国家安排的职业教育基础设施建设专项经费中，择优支持高技能人才培养成效显著的职业院校。将高技能人才实训基地建设纳入国家支持职业教育发展的规划。

企业应按规定提取职工教育经费（职工工资总额的 1.5% ~ 2.5%），加大高技能人才培养投入。企业进行技术改造和项目引进，应按相关规定提取职工技术培训经费，重点保证高技能人才培养的需要。对自身没有能力开展职工培训，以及未开展高技能人才培训的企业，县级以上地方人民政府可依法对其职工教育经费实行统筹，由劳动保障等部门统一组织培训服务。机关事业单位要积极探索符合自身特点的高技能人才培养经费投入机制。

鼓励社会各界和海外人士对高技能人才培养提供捐赠和其他培训服务。企业和个人对高技能人才培养进行捐赠，按有关规定享受优惠政策。鼓励金融机构为公共实训基地建设和参与校企合作培养高技能人才的职业院校提供融资服务。各类职业院校可按照高技能人才实际培养成本提出收费标准，经物价部门核定后向学员收取培训费用。

（十七）做好高技能人才基础性工作。加强高技能人才相关理论研究，加快高技能人才法制建设。做好高技能人才调查统计和需求预测工作。完善国家高技能人才信息交流平台，开发高技能人才信息库和技能成果信息库。加强适用于高技能人才的远程培训和现代培训技术的开发和应用。加快编制、修订技师和高级技师国家职业标准，加强职业技能鉴定题库开发，健全职业技能鉴定质量督导制度。组织开发反映企业岗位需求、符合高技能人才培养特点的教材及教学辅助材料。加强高技能人才师资队伍建设，不断提高师资队伍水平。

七、加强领导，营造有利于高技能人才成长的良好氛围

（十八）切实加强对高技能人才工作的领导。各地区各部门要根据经济社会发展需要制定高技能人才队伍建设规划，并纳入经济社会发展规划和人才队伍建设规划。各级党委和政府要将高技能人才工作作为人才工作的一项重要内容，列入重要议事日程，定期研究解决工作中存在的主要问题。要建立由组织、劳动保障、发展改革、教育、科技、国防科工、财政、人事、国资等部门以及工会、共青团、妇联等人民团体参加的高技能人才工作协调机制，负责对高技能人才工作的宏观指导、政策协调和组织推动。在党委和政府统一领导下，组织部门要加强宏观指导，劳动保障部门要进行统筹协调，有关部门要各司其职、密切配合，并动员社会各方面力量广泛参与，共同做好高技能人才工作。

（十九）加强舆论宣传，营造尊重劳动、崇尚技能、鼓励创造的良好氛围。充分发挥报刊、广播、电视、网络等多种媒体的作用，组织开展形式多样的宣传活动，大力宣传党和国家关于高技能人才工作的方针政策，大力宣传高技能人才在经济建设和社会发展中的重要作用和突出贡献，树立一批高技能人才的先进典型，提高高技能人才的社会地位。动员全社会都来关心高技能人才队伍建设，努力营造有利于高技能人才成长的良好氛围。

备注：本文件于2006年4月18日由中共中央办公厅、国务院办公厅印发。

附录七 《泛珠三角九省区人才服务合作协议》

根据《泛珠三角区域合作框架协议》的有关精神，泛珠三角九省区政府所属的人才服务机构，经2004年7月23日的“泛珠三角人才服务合作会议”商定，现就有关事项协议如下：

一、指导思想

坚持以“三个代表”重要思想为指导，认真贯彻实施人才强国战略，围绕《泛珠三角区域合作框架协议》，在“9+2”区域范围内，不断加强各省区的联系与合作，充分利用各地的比较优势资源，努力做好人才培养、人才引进、人才使用以及智力交流等相关工作，积极为区域经济社会发展提供强有力的人才保障。

二、合作原则

（一）平等自愿原则；

（二）优势互补原则；

（三）资源共享原则；

（四）互利互惠原则。

三、合作方式及内容

（一）建立区域合作联席会议制度。联席会议成员暂由九省区人才服务机构负责人组成，随后将邀香港、澳门参与，每年轮流在各省区召开联席会议，通报各省区人才服务情况，商定合作事项。轮值省区应为联席会议提供相关服务。

（二）构建区域人才网络合作平台。在各合作方人才网站首页显著位置设立“泛珠三角区域人才服务合作”统一标识，共同组织网上招聘会或者发布信息，推进区域人才资源共享。

（三）定期组织区域人才智力交流会。定期向合作方提供人才信息，协助解决紧缺人才、高层次人才需求困难；定期举办面向区域的大型人才交流会，其他合作方组织一定数量单位参会。主办方提供优惠服务。

（四）建立培训合作机制，开展人才培训业务。根据个性优势建立合作区域内的培训业务互动，共同创立培训品牌。

（五）建立人事代理互助制度。为到合作区域工作的各类人才提供相关人事代理和人才派遣服务。

（六）开辟区域人才服务合作论坛。根据合作进展情况，适时组织有关合作内容的学术论坛，提出合作新思路，研究合作新对策，推动区域人才服务合作不断向深层次发展。

（七）建立合作动态调整机制。各省区可结合本地特点，适时提出议题或项目，经协商同意，共同组织落实。一经商定的合作项目，各合作单位均应积极配合，努力创造条件促使合作成功。协助解决合作方所在地人才流动中的人才劳务纠纷。

四、本协议未尽事宜，经各方协商同意，可签补充协议。

五、本协议一式九份，各合作单位各执一份。本协议经各单位代表签字后即时生效。

广东省人才服务中心代表签字：
云南省人才服务中心代表签字：
广西区人才交流服务中心代表签字：
贵州省人才交流服务中心代表签字：
中国海峡人才市场代表签字：
湖南省人才交流服务中心代表签字：
海南省人力资源开发局代表签字：
江西省人才流动中心代表签字：
四川省人才交流中心代表签字：

二○○四年七月二十三日

附录八 《泛珠三角九省区人才服务合作联席会议章程》

第一章 总 则

第一条 泛珠三角九省区（包括福建、江西、湖南、广东、广西、海南、四川、贵州、云南）人才服务合作联席会议（以下简称联席会议）是以邓小平理论和“三个代表”重要思想为指导，贯彻落实中共中央、国务院《关于进一步加强人才工作的决定》，根据《泛珠三角区域合作框架协议》精神，由泛珠三角九省区人事厅人才服务机构协商一致，自愿组成的人才服务合作组织协调机构。

第二条 联席会议的宗旨是：坚持自愿参与、市场主导、优势互补、互惠共享的原则，以目标一致、运转协调、务实高效的工作机制确保泛珠三角区域九省区人才服务合作的顺利推进，努力提高泛珠三角区域人才资源开发的综合实力和整体水平，促进区域经济社会协调发展。

第三条 联席会议的英文译名是：PAN－PRD HUMAN RESOURCES SERVICES COOPERATION JOINT CONFERENCE

第二章 组织机构

第四条 联席会议成员由泛珠三角九省区人才服务机构负责人组成，必要时邀请政府人事部门负责人参加，也可邀请香港、澳门特别行政区政府相关部门参与。区域九省区人才服务机构为成员单位。

第五条 联席会议原则上每年召开一次，由成员单位轮流承办，每次会议期间，同时举办“泛珠三角区域人力资源合作与发展论坛”、“泛珠三角区域大型人才交流会暨网上人才交流会”。联席会议设执行主席一名，由承办当次联席会议的省区人才服务机构负责人担任，负责联席会议的领导工作。任期从当次联席会议开幕起至下次联席会议开幕前止。每次联席会议闭幕前，确定下次联席会议的承办单位及执行主席。

第六条 联席会议下设秘书处，由各省区人才服务机构指定的联络员联合组成，办事机构设在承办当次联席会议的省区人才服务机构。

秘书处设秘书长一名，由联席会议执行主席所在单位有关人员担任。每次联席会议闭幕前，确定下次联席会议的秘书长。

秘书处的职责是：负责区域合作有关事宜的日常联络工作；收集整理区域合作项目的进展情况；协助执行主席协调解决有关问题，收集、汇总各省区提交的意见、建议，拟定年度会商、交流、研讨计划和当次联席会议会务筹备工作；负责其他日常具体事务和联席会议交办的有关事务。

第七条 联席会议下设人才工作区域合作项目小组，并设组长一名，副组长两名，由联席会议讨论决定并委任，任期至合作项目完成止。工作小组的机构组建、人员选择和活动计划等事项，由组长、副组长研究决定并负责落实。工作小组每季度向秘书处通报项目的进度和成果。

第八条 为加强区域合作的前瞻性和科学性，联席会议下设人才工作区域合作发展研究小组，并设组长一名，副组长两名，由联席会议讨论决定并委任，任期两年，任期届满后由联席会议重新讨论并作出委任决定。其有关内部机构组建和工作人员选配等事项，由组长、副组长研究决定。发展研究小组独立活动，接受秘书处的协调和监督，每年度向联席会议汇报一次工作情况。

第三章 内容和任务

第九条 联席会议的基本内容是：通报各省区人才服务工作情况、人才开发和发展情况以及下一阶段工作计划；通报区域合作项目进展情况；研讨已确定的合作主题及当前人才服务工作重大议题；协调解决区域合作中的重要事项；研究确定联席会议有关事项。

第十条 联席会议的主要任务是：

一、研究人才服务工作区域合作规划和重大事项，协调推进各方落实区域合作项目，签署区域人才服务合作的总体或单项协议。

二、建立人才服务区域合作机制，拓展合作领域，营造和谐的人才服务环境。

（一）人才政策协调。各方在制定有关人才流动政策、人才引进政策、人才培训政策时，加强沟通与协调，统筹调研成果、工作经验等各方资源；出台重大人才政策或处理重要人才问题，可征询各方意见；制定出台有关政策，及时相互通报，共同营造和谐的人才政策环境。

（二）人才市场共营。统一本区域内人才市场准入标准，消除地区障碍，规范从业行为，不断提高人才市场从业人员的职业道德水平和服务质量；加强人才市场的交流与合作，联手进行区域性人才市场监管，构建公平竞争、开放统一的人才市场环境，为实现人才资源的跨区域配置创造条件。

（三）人才资源共享。加强两院院士、博士生导师、国家级有突出贡献的中青年专家、享受政府特殊津贴的专家为主，涵盖各级各类专业技术人才和经营管理人才的联系，鼓励和支持各类人才跨省区从事咨询、讲学、兼职、科研合作、技术入股、投资兴办高新企业等服务，实现本区域内人才智力资源共享；建立一方引进、多地使用的国外智力资源引进协作机制，积极交换引进专家的资料信息，逐步实现国外专家资源和引智成果共享。

（四）人才信息互通。建立人才信息互通发布机制，实现区域内人才信息网站互联、人才信息数据库共享，充分发挥《人才信息报》作为本区域内人才信息资讯发布公共平台的作用。

（五）人才服务互补。通过互设分支机构、互为代理的方式，开展人才招聘、信息咨询、人事代理、人才培训、业绩档案、诚信认定、人才智力输出、创业项目中介等异地服务，实现各省区间人才服务工作的优势集成与互补，构建统一、共通、互惠的人事人才公共服务框架体系。

（六）人才资格互认。在实现专业技术人员继续教育师资和基地资源共享的基础上，合作开展区域内紧缺和急需专业人才的教育培训和职业资格认证考试，建立统一的职业资格认证标准，实现本区域内专业技术人员职业资格证书、继续教育登记互认。

三、组织开展人才服务区域合作发展研究，探索新型的区域合作模式，深化合作内容，协调推进区域合作发展。

第四章　权利和义务

第十一条　联席会议各成员单位具有以下权利：

一、对联席会议讨论事项的表决权；

二、对联席会议相关各项工作的建议权和监督权；

三、参与联席会议组织的各类活动的权利。

第十二条　联席会议各成员单位必须履行以下义务：

一、遵守联席会议的章程；

二、执行联席会议的决议；

三、落实联席会议交办的工作任务。

第五章　经　费

第十三条　联席会议开会期间的会务费用，由承办方负责解决。各方参会所需的差旅费，由参会方自行解决。

秘书处日常运作所需的办公经费，由秘书长所在单位解决。其余各方参与秘书处运作所需的办公经费由各方自行解决。

第十四条　区域合作项目小组和发展研究小组日常运作所需办公经费，由组长所在单位负责解决。需要集中开会的，会务费用由会议承办方解决，差旅费由参会方自行解决；外出调研费用，由各方自行解决。

第六章　附　则

第十五条　本章程如需修改，由秘书处提出草案，交联席会议讨论，并须有三分之二以上的成员单位通过方可实施。

第十六条　本章程的解释权属联席会议决议。

第十七条　本章程经第三次联席会议表决通过，于通过之日起生效。

附录九 《泛珠三角九省区人才网站服务合作协议》

为加快推进泛珠三角九省区人才服务工作的合作与发展，构建合作共享的人才信息网络平台，促进区域内人才资源的合理配置，经泛珠三角九省区人才服务合作联席会议全体成员共同协商，就开展人才网站服务合作达成本协议。

第一条 合作原则

坚持“市场主导，互惠共享”原则，加强沟通与交流，提高合作效益和水平，促进人才资源的跨区域配置和共享。

第二条 合作机制

为有效保证合作的健康、顺利开展，拓展合作渠道，各方同意建立合作协调机制，按照《泛珠三角九省区人才服务合作联席会议章程》有关规定，成立人才网站服务合作项目工作小组。

项目工作小组的主要任务是协商确定人才网站具体合作内容，制定详细的合作计划，科学合理安排各项活动，以提高项目合作的务实性、针对性和有效性。

项目工作小组设组长一名、副组长一名，由联席会议讨论决定并委任，任期一年，工作小组的机构组建、人员选择和活动计划等事项，由组长、副组长自行研究决定并负责落实，每季度向联席会议秘书处通报工作情况。

第三条 合作内容

一、联合举办网上人才交流大会。

（一）大会名称。大会以泛珠三角九省区人才服务合作联席会议名义定期举行，大会名称为：20××年泛珠三角九省区大型网上人才交流会。采取“共建平台、统一时间、统一主题、统一宣传”的形式，每年举办一次，时间跨度为一个月，原则上与泛珠三角九省区人才服务合作联席会议和泛珠三角大型人才交流会同时举行。

（二）大会宣传。由项目工作小组组长组织大会宣传工作，各方共同策划，统一宣传。要求按大会统一口径，在各地主流媒体进行广泛宣传报道，营造氛围，扩大影响，各方发布的广告费用自行承担。如需在国家级媒体上发布广告，须经项目工作小组全体成员表决同意后执行，各方共同分摊费用。

（三）大会组织。由各方网站负责组织本地用人单位参会，参会费用根据各方实际情况酌情收取，但应适当予以优惠。大会期间，各方网站均需开设专区发布九省区参会用人单位信息。

（四）大会要求。

（1）大会期间，要求各方人才网站首页统一位置，显示统一主题标识，使用统一的大会名称、页面布局和色彩。网页模块由轮值方设计制作，统一提供给其他方，必须包含本省区社会人文环境情况、人才引进政策、高校毕业生就业政策、紧缺专业需求情况和招聘单位信息等内容。

（2）各方要高度重视，精心策划，严密组织。

（3）各方要对招聘单位资质和招聘信息的真实性、合法性和有效性进行严格审查，防止各种欺诈行为的发生。

二、构建区域人才信息资源共享平台。

以联合举办网上人才交流会为契机，尽快实现各方人才网站的对等链接。积极探索建立人才数据库资源共享机制，在现有条件下，通过在人才网站加入独立功能模块，各方可互相查询、使用人才数据库，基本实现人才数据库资源共享。

三、充分发挥人才网站的作用，定期发布国家及各自省区有关高校毕业生就业方面的政策和措施，引导高校毕业生合理流动，促进其就业。每年四月最后一周定期联合组织开展一次泛珠三角区域高校毕业生就业的公益性网上人才交流活动，活动名称为“20××年泛珠三角九省区网上高校毕业生就业服务周”。

四、进行可行性分析，积极推进泛珠三角区域性公共人事人才服务网站的建设工作。

五、利用人才网络资源，探索开展远程教育培训、远程面试和远程智力服务。

第四条　本协议二〇〇五年六月十八日于长沙签署，协议一式九份，协议各方各执一份。

第五条　各方代表签字：

中国海峡人才市场

代表（签章）：

江西省人才流动中心
代表（签章）：
湖南省人才流动服务中心
代表（签章）：
广东省人才服务中心
代表（签章）：
广西壮族自治区人才交流服务中心
代表（签章）：
海南省人力资源开发局
代表（签章）：
四川省人才交流中心
代表（签章）：
贵州省人才交流服务中心
代表（签章）：
云南省人才服务中心
代表（签章）：

附录十 关于印发高技能人才公共实训基地建设试点工作指导意见的通知

（劳社厅发〔2007〕1号）

关于印发高技能人才公共实训基地建设试点工作指导意见的通知

各省、自治区、直辖市劳动和社会保障厅（局）：

为贯彻落实《中共中央办公厅国务院办公厅关于进一步加强高技能人才工作的意见》（中办发〔2006〕15号），指导各地做好高技能人才公共实训基地建设工作，我们研究制定了《关于开展高技能人才公共实训基地建设试点工作的指导意见》，现印发给你们。请结合本地区实际情况贯彻实施。

二〇〇七年一月五日

关于开展高技能人才公共实训基地建设试点工作的指导意见

为贯彻落实《中共中央办公厅国务院办公厅关于进一步加强高技能人才工作的意见》（中办发〔2006〕15 号，以下简称 15 号文件），完善培养、评价体系，加快高技能人才队伍建设，现就开展高技能人才公共实训基地（以下简称公共实训基地）建设试点工作提出如下意见。

一、贯彻落实 15 号文件精神，明确公共实训基地建设的指导思想和目标任务

（一）充分认识建设公共实训基地的重要意义。在推进高技能人才和职业培训工作改革发展过程中，部分城市劳动保障部门探索建立了高技能人才公共实训基地。实践证明，建设公共实训基地，是提高职业培训和技能人才培养评价水平的有效手段，是新时期加快高技能人才队伍建设的创新举措。加快公共实训基地建设，不仅是解决当前培养、评价服务能力不足，加强高技能人才工作的必然要求，而且是转变政府职能、增强劳动保障部门公共管理和服务水平的迫切需要。

（二）新时期建设公共实训基地的指导思想是，贯彻落实 15 号文件要求，以科学发展观为指导，培育和发挥劳动保障部门在高技能人才工作中的公共管理和服务职能，通过搭建高层次公共实训平台，解决高技能人才培养评价服务手段不足和水平不高等问题，推动培养、评价、交流工作同步开展，带动高技能人才各项工作，加快本地区技能人才队伍建设。

（三）“十一五”期间，根据经济发展和产业结构调整的需要，立足当地支柱产业、现代服务业和高新技术产业发展，按照“统筹规划、合理布局、技术先进、资源共享”的原则，在全国有条件的地区建设 50 个面向社会提供实训和技能鉴定服务的公共实训基地（其中东部经济发达地区每个省至少建立两个），初步形成公共培训鉴定服务网络，使之成为劳动保障部门新的公共服务窗口，开展高技能人才培养和评价服务，为实现素质就业探索道路，为经济发展输送合格的技能人才。

分类指导、分步推进公共实训基地建设。通过东部地区率先建设，辐射中西部地区有条件的城市加快工作速度，逐步在全国中心城市建成公共实训基地，并形成互通协作的工作联盟。区域内公共实训基地建设，要进行合理规划和布局，形成公共实训基地与企业、院校高技能人才培训基地功能互补、特色发展的工作格局。

二、着眼于经济发展对高技能人才的需求，明确公共实训基地的功能定位

（四）做好立项前的调查研究。根据本地区经济发展和高技能人才需求状况，按照“市场导向、合理定位、资源共享、功能互补”的原则，对公共实训基地进行科学规划和布局。通过广泛调研论证，摸清区域社会经济发展、产业结构调整和支柱产业发展急需的技能人才类型，了解区域内职业培训资源及分布情况，做好立项论证，确定公共实训基地的服务方向和工作重点，防止无序上马、盲目建设。

（五）突出公共实训和技能鉴定的核心功能。技能实训项目以企业和培训机构无力开展的高新技能实训项目为主，重点突出“高（高端职业和技能）、新（新兴职业和技能）、长（长周期技能开发）、前（前瞻性技能开发）”。技能鉴定服务侧重高端和新兴职业，主要开展示范性鉴定和试验性鉴定。与此同时，做好新职业新技能的研发试验，组织职业技能竞赛和同业交流活动，开展师资培训，推动高技能人才宣传等项工作。

（六）切实发挥公共服务职能。公共实训基地要面向本地区各类职业院校、社会培训机构和企业开放，突出公共性、公益性和示范性特点。重点开展单个学校和企业无法承担的职业技能培训服务，培养区域劳动力市场急需的高技能人才；原则上不开设企业或培训机构已经开展或有能力开展的实训项目。依托公共实训基地建立城市中心鉴定所，提供高效的组织管理和高水平的技能评价服务，原则上不与社会其他职业技能鉴定机构开展相同职业种类或等级的技能评价服务。

（七）免费开展公共实训鉴定服务。创造条件，结合落实国家就业再就业政策，通过承担政府培训项目等方式，规范合理地获得政府公共职业培训补贴经费的支持。暂不具备条件开展免费服务的公共实训基地，对所提供的服务，可向当地财政、物价部门申请核定收费项目和标准，适当收取培训或鉴定成本费，并实行收支两条线管理，收入上缴财政管理，支出通过预算申请。

三、创新思路，探索多种建设模式

（八）结合实际，因地制宜建设公共实训基地。可依托现有培训资源进行改建升级，组织公共实训基地建设。结合职业教育培训机构资源重组，统一规划公共实训基地建设，发挥现有资源的最大效用。选择培训场地、设施设备和师资条件基础较好的就业训练中心、技工学校或技师学院，按照公共实训基地的性质特点和功能要求，集中投入资金进行改建，提高设施设备配备水平，扩展培训鉴定功能。有条件的地区，可选择新址进行科学规划，建设全新高水平的公共实训基地。

四、积极争取政府公共财政投入，规范资金的使用管理

（九）以政府投入为主，解决公共实训基地建设资金问题。积极争取当地政府的重视，争取财政、发展改革等有关部门的支持，从高技能人才专项工作经费、城市教育费附加、企业职工教育统筹经费以及国家职业教育基础设施建设专项经费等资金中筹措公共实训基地建设资金。将公共实训基地的建设、运行和维护纳入地方财政预算管理，人员工资应争取由当地政府财政全额拨款。同时，积极探索就业再就业资金、失业保险基金在促进就业方面发挥更大的作用。

（十）加强公共实训基地与企业的合作。通过为企业提供服务，获得企业支持。由企业为公共实训基地提供资金支持，提供设施设备并保持技术更新，由实训基地在一定期限内免费为企业提供实训服务或给予企业实训教室（车间）冠名权。鼓励社会或个人依法捐赠，对公共实训基地建设提供资金、实物或其他支持。

（十一）多方争取社会融资。各地公共实训基地建设，根据有关规定经评估合格，可列入我部与国家开发银行联合组织的项目，获得相应贷款支持；还可通过多种渠道，从商业银行等金融机构融资。

（十二）有效使用公共实训基地建设资金。参照我部颁布的有关培训设备标准，根据企业生产设备实际水平，有效使用公共实训基地建设资金，配置先进、适用的实训设施设备。严格执行政府采购、招投标管理的有关规定，使用政府投入的资金。

（十三）加强资金使用监管。根据国家有关规定，建立健全公共实训基地建设资金使用管理规章制度，严格财务管理，加强资金使用过程的内部监控。建立监督检查制度，切实加强资金使用的监管，做到监管责任到人并主动接受审计部门的监督。加强廉政建设，防范资金使用中违规违纪行为。

五、高度重视，加快公共实训基地建设工作

（十四）统一规划和指导全国公共实训基地建设工作。公共实训基地原则上依托中心城市建设，可以集中建在一个地点，也可以根据本地区产业分布和培训资源分布特点进行布局。我部对部分中心城市建立的功能完善、具有良好社会影响的公共实训基地，加挂中国（地名）高技能人才公共实训中心名牌，形成国家级公共实训基地网络体系，发挥示范带动作用。

（十五）加强公共实训基地组织管理。建立健全组织管理机构，合理配备管理人员，明确岗位职责和任务分工，加强公共实训基地规范管理。充分发挥行业技术专家和职业培训专家的作用，做好公共实训基地的立项、建设和运行管理工作。依托行业协会，建立健全专家队伍，确定服务方向和重点。制定实训教学组织管理、指导教师选配、设备运行维护和职业鉴定管理流程等各项规章制度。

（十六）提高公共实训基地服务效能。建立企业、培训机构、劳动力市场和公共实训基地紧密联系机制，提高利用率，扩大服务覆盖面。根据经济发展需要和职业培训发展状况，对公共实训基地实训项目进行动态管理。注意提升技术标准和设备设施先进水平，适时增加经济发展和产业结构调整需要的新项目，及时调整已经由社会培训机构普遍开展的实训项目。

（十七）定期组织绩效评估。建立运行效果评估制度，定期组织内、外部评估，重点评估基地的利用率、服务覆盖面和其他社会效应。定期向社会公布评估结果，接受监督。

附录十一　深圳市技能人才工作情况调查问卷

深圳市技能人才工作情况调查问卷

非常感谢您参加本次问卷调查！

为了了解深圳市技术工人的工作现状，我们特开展此次调查。问卷中问题的回答无对错之分，请您根据自身感受和体会，逐一认真思考，独立、如实填写。全部问卷内容只用于课题研究之需要，任何个人相关信息将严格保密。本问卷均为单选，请在您认为最合适的选项前打“√”。对于您的支持，我们表示由衷的感谢！

第一部分　个人基本资料

1. 是否具有职业技术等级认证：□有　□没有

2. 所从事职务的技术等级：□初级工　□中级工　□高级工　□技师　□高级技师　□不知道

3. 受教育程度：□初中 □高中（中专）□大专　□本科　□硕士或硕士以上

4. 您的工资水平：□2 000 元以下　□2 001 ~ 3 000 元　□3 001 ~ 5 000 元　□5 000 元以上

5. 您的工龄：□1 年以内　□1 ~ 3 年　□3 ~ 5 年　□5 ~ 10 年　□10 年以上

第二部分　工作情况

以下题目是对您现在工作的一些描述，**“重要性”表示在工作中您对该项目的看重程度；“满意度”表示目前在工作中您对该项目的满意程度。**请您仔细阅读每一个题目，依据您的感觉和评价作出选择，并在相应的数字上打“√”。

序号	项目	重要性					满意度				
		最不看重←→最看重					最不满意←→最满意				
1	工作的自主性	1	2	3	4	5	1	2	3	4	5
2	工作适合自己	1	2	3	4	5	1	2	3	4	5
3	工作的挑战性	1	2	3	4	5	1	2	3	4	5
4	工作中所承担的职责和工作量	1	2	3	4	5	1	2	3	4	5

（续上表）

序号	项目	重要性 最不看重←→最看重					满意度 最不满意←→最满意				
5	工作时间	1	2	3	4	5	1	2	3	4	5
6	工作环境	1	2	3	4	5	1	2	3	4	5
7	机器设备水平	1	2	3	4	5	1	2	3	4	5
8	企业的劳动保护设施	1	2	3	4	5	1	2	3	4	5
9	企业所支付给您的工资水平	1	2	3	4	5	1	2	3	4	5
10	企业内部薪酬的公平性	1	2	3	4	5	1	2	3	4	5
11	企业提供的社保福利	1	2	3	4	5	1	2	3	4	5
12	企业的奖励制度	1	2	3	4	5	1	2	3	4	5
13	学习与职业培训机会	1	2	3	4	5	1	2	3	4	5
14	工作中的晋升空间和机会	1	2	3	4	5	1	2	3	4	5
15	企业内部同事间的关系	1	2	3	4	5	1	2	3	4	5
16	企业上下级关系的和谐程度	1	2	3	4	5	1	2	3	4	5
17	企业领导与员工的沟通程度	1	2	3	4	5	1	2	3	4	5
18	企业的学习氛围	1	2	3	4	5	1	2	3	4	5
19	企业对您出色表现的认可程度	1	2	3	4	5	1	2	3	4	5
20	参与企业的管理和决策机会	1	2	3	4	5	1	2	3	4	5

（续上表）

序号	项目	重要性					满意度				
		最不看重←→最看重					最不满意←→最满意				
21	工作的成就感	1	2	3	4	5	1	2	3	4	5
22	工作的归属感	1	2	3	4	5	1	2	3	4	5
23	企业的发展前途	1	2	3	4	5	1	2	3	4	5
24	企业在社会上的形象和地位	1	2	3	4	5	1	2	3	4	5
25	企业的规章制度	1	2	3	4	5	1	2	3	4	5
26	企业的组织文化	1	2	3	4	5	1	2	3	4	5

第三部分　开放性问题

请就以下问题简要提出您的看法，谢谢。

1. 您的工作之中令您感到最满意的是：

____

____

2. 在您的工作之中令您感到最不满意的是：

____

____

3. 在您目前的工作当中，您认为企业最需要加强哪些方面？有哪些具体措施？

____

____

问卷到此全部结束，请检查是否有遗漏之处，再次感谢您的协助！

参考文献

1. 梁庆寅. 2006年：泛珠三角区域合作与发展研究报告［M］. 北京：社会科学文献出版社，2006

2. 刘旺，楚刃. 二十一世纪中国人才环境大点评［M］. 北京：中国人事出版社，2004

3. 李群. 中国人才发展量化分析与预测［A］. 潘晨光. 2004中国人才发展报告［C］，2004

4. 张妍，王丽明. 促进泛珠三角区域产业转移的对策研究［J］. 甘肃政法成人教育学院报，2006（4）

5. 钟瑶. 新时期我国高技能人才短缺的原因分析及对策研究［J］. 湖南工程学院报，2006（3）

6. 宋健. 泛珠三角人口流动对区域劳动力市场影响的研究［J］. 特区经济，2005（10）

7. 梁桂全，游霭琼. 差异·互补·共赢——泛珠三角区域合作的基础与趋势［J］. 广东科学院，2005（1）

8. 袁兆亿. 泛珠区域合作的人才要素及效应分析［J］. 广东科技，2005（5）

9. 朱名宏. 广东与泛珠三角地区合作中的人才资源关系［J］. 广东科技，2005（4）

10. 魏丽华. 从分工的角度看"泛珠三角"地区的竞争优势［J］. 广州市财贸管理干部学院报，2005（2）

11. 孙月平. 劳动经济问题研究［M］. 北京：人民出版社，2004

12. 胡学勤. 劳动经济学［M］. 北京：中国经济出版社，2001

13. 深圳市劳动和社会保障局. 深圳技能人才调查［M］. 深圳：海天出版社，2005

14. ［美］坎贝尔·R. 麦克南等. 当代劳动经济学（第六版）

[M]. 刘文，赵成美等译. 北京：人民邮电出版社，2004
15. 赵敏. 珠三角地区人才战略研究 [J]. 中国人才，2006，11 (1)
16. 肖放其. 高技能人才短缺警示录 [J]. 中国劳动，2002 (7)
17. Dail L. Fields. 工作评价：组织诊断与研究实用量表 [M]. 北京：中国轻工业出版社，2004
18. 王重鸣. 管理心理学 [M]. 北京：人民教育出版社，2002
19. 宋兴川，唐天红，何应林. 技能人才人格特征研究 [J]. 天津工程师范学院学报，2005 (6)
20. 斯蒂芬·P. 罗宾斯. 组织行为学（第七版）[M]. 孙健敏译. 北京：中国人民大学出版社，1997
21. 武博. 当代中国人才流动 [M]. 北京：人民出版社，2005
22. 卢盛忠. 管理心理学（第四版）[M]. 杭州：浙江教育出版社，2006
23. 顾燕芬. 浅谈高技能人才的现状、需求与培养对策 [J]. 哈尔滨职业技术学院学报，2006 (5)
24. 韩永江. 发达国家高级能人才的劳动保障 [J]. 中国劳动，2006 (1)
25. 殷红霞. 西部高科技企业员工工作满意度调查与激励体系的重新设计 [J]. 西安财经学院学报，2004 (10)
26. 赵晶，武小悦. 航天科技组织知识性员工满意度研究 [J]. 华北航天工业学院学报，2006
27. 王怀明，冯文武. 员工工作满意度研究述评 [J]. 商业研究，2003 (9)
28. 张黎莉，周耀烈. 员工工作满意度研究综述 [J]. 企业经济，2005 (2)
29. 张艳. 企业技术工人短缺与技能人才激励研究 [J]. 沿海企业与科技，2006 (4)
30. 刘凤瑜，张金成. 员工工作满意度问卷的有效性及民营企业员工工作满意度影响因素研究 [J]. 人力资源，2004 (7)
31. 张平，崔永胜. 员工工作满意度影响因素的研究进展 [J]. 企业研究，2005 (2)
32. 黄翠霞，刑以群. 员工满意度调查表的设计和分析 [J].

管理纵横，2002（2）

33. 郑国铎. 企业激励论［M］. 北京：经济管理出版社，2002

34. 李宝元. 战略性激励——现代企业人力资源管理精要［M］. 北京：经济科学出版社，2002

35. 朱龙飞. 技能型人才激励模式的实证研究［D］. 江西师范大学硕士学位论文

36. 骆建艳，周春蕾. 基于双因素理论的技能人才激励机制研究［J］. 经济论坛，2006（16）

37. 孔宪香，马瑞华. 技术工人短缺与技能人才激励关系分析［J］. 经济与管理，2006（5）

38. 罗钢. 深圳技能人才短缺问题分析与对策［J］. 中国职业技术教育，2006（235）

39. 吴孟保. 以人为本——建立企业员工激励机制［J］. 企业经济，2005（9）

40. 黄敏. 企业激励机制的理论分析［J］. 武汉科技学院学报，2005（10）

41. 刘宝康，苏列英. 技能人才激励关系研究［J］. 中国培训，2006（9）

42. 陈竞晓. 需求层次与企业激励机制的建构［J］. 学术研究，2002（7）

43. 罗永泰. 技术工人短缺与技能人才激励机制设计［J］. 经济经纬，2005（6）

44. 杨皖苏，邬幼明，严鸿和. 我国高技能人才短缺的原因分析及对策研究［J］. 中国科技论坛，2006（3）

45. 冯之浚，史扬，孙诚. 西部地区人力资源开发研究［M］. 杭州：浙江教育出版社，2002

46. 梁鸿，吴晓峰. 长江三角洲人力资源的开发与整合［J］. 人口学刊，2005（3）

47. 王扬铭. 泛珠三角区域人力资源合作开发机制的构建［J］. 特区经济，2006（3）

48. 祝国超，杨双. 论乌江流域人才整合机制构建［J］. 企业家天地，2006（8）

49．李志欣．完善我国人才资源激励机制研究［D］．东北师范大学硕士学位论文

50．陈志福．人才培训资源区域整合模式［J］．人才开发，2006（1）

51．马凌．基于区域经济合作的人力资源开发与整合研究［J］．经济与管理，2005（4）

52．刘涛．员工满意度调查测量工具和调查方法．中国人力资源调研网．2007－02－05．http://www.taxchina.cn/StatuteLib_statuteDetail.asp?StatuteId=497028&key，2006．http：//www.en-cn.com/wenxue/200702/111594_2.html

53．卢嘉，时勘，杨继锋．工作满意度的评价结构和方法［J］．中国人力资源开发，2001（1）

54．邵丽蓉．制造业"技工荒"升级［EB/OL］．2006－10－26．http://blog.sina.com.cn/u/56c92245010007ci

55．杨斌，朱克忆，张柏森．湖南省企业技能人才特点分析与发展对策探讨［J］．职教论坛，2005（34）．http://www.tech.net.cn/y－jyjs/sxjd/11041.shtml

56．泛珠三角区域合作与发展论坛．人民网，2004－06－02．http：//www.people.com.cn

57．泛珠三角合作信息网．http://www.pprd.org.cn

58．Ira Horowitz. The Regional Distribution of Scientific Talent［D］. Indiana University

59．Ira Horowitz. Some Aspects of the Effects of the Regional Distribution of Scientific Talent on Regional Economic Activity［J］. *Management Science*，1966（13）

60．Max Messmer. Building Employee Job Satisfaction. 2005 Wiley periodicals，Inc.

61．Keith R. Aronson. Job Satisfaction as a Function of Job Level. 2005 Springer Science＋Business Media，Inc.

62．Shani Hartley. Motivating workers［J］. *Business Date*，2007，15

63．Marylene. Gangne and Edward L. Deci. Self－determination theory and work motivation［J］. *Journal of Organizational Behavior*，2005，26

后 记

《泛珠三角合作中技能人才整合策略与激励机制研究》终于出版，它是香港社会科学院2006年度重点基金项目成果之一，凝聚了本人大量的研究心血，得到了许多学者的关心和支持。本书的出版，要感谢的人很多，首先，要真诚地感谢课题组的全体成员，他们集思广益，为本书提供了清晰有益的思路和富有参考价值的建议；其次，感谢深圳大学管理学院副院长刘军教授及其他领导和同仁，他们始终坚持书稿撰写的体系严密性、素材丰满性、内容实用性等原则，在一定程度上影响着本人对书稿撰写尺度的把握；再次，感谢我的几位优秀的学生：黄渊明、庄琪珠、黄炯明、郑小崔等，他们为收集资料与进行企业调研等前期工作倾注了大量的时间和精力。正是他们的积极主动、认真负责、勤奋刻苦，使得本书的撰写和课题研究工作倍加顺利、高效。同时感谢长期以来无私关爱、默默支持我从事教学科研工作的家人——亲爱的丈夫杜与钦和女儿杜旻书。此外，暨南大学出版社的老师们在百忙之中抽出时间为我审稿，并提出了中肯的意见；何俊涛同学对文字校对做了很多工作，对他们的辛勤劳动我表示万分感谢。

凡课题研究无不是团体劳动的成果，《泛珠三角合作中技能人才整合策略与激励机制研究》亦概莫能外，它是课题组所有成员孜孜不怠、共同努力的成果。本研究项目得到了政府相关部门、企业界、学术界等诸多单位的大力支持，书中所涉及的一千多篇参考文献(中、英文)，两百多个网站亦是社会资源这一力量的重要体现。限于篇幅等原因，部分参考文献未能在书中一一列出，对此深表歉意。再次对为本书作出贡献的所有人员致以衷心的感谢。

虽然力求精益求精，但由于编写水平所限，差错在所难免，敬请专家、读者批评指正。如果此书能为增进泛珠三角区域内各省区的合作发展，提升对技能人才的整合能力与激励水平尽微薄之力，能为政府相关部门、各类企业和教育机构等同仁提供实用参考，那将是笔者最大的心愿。

2009 年 5 月 30 日